SENHOR TV

Flavio Cavalcanti Junior

SENHOR TV
A vida com meu pai, Flavio Cavalcanti

© 2021 - Flávio Cavalcanti Junior
Direitos em língua portuguesa para o Brasil:
Matrix Editora
www.matrixeditora.com.br

Diretor editorial
Paulo Tadeu

Capa, projeto gráfico e diagramação
Marcelo Correia da Silva

Revisão
Adriana Wrege
Silvia Parollo

Fotos
Página 183: Djalma Vieira de Oliveira – Diários Associados
Página 185 (foto superior): Hélio Santos – Diários Associados
Página 186 (foto inferior): Fernando Seixas – Diários Associados
Demais fotos: arquivo pessoal do autor

CIP-BRASIL - CATALOGAÇÃO NA PUBLICAÇÃO
SINDICATO NACIONAL DOS EDITORES DE LIVROS, RJ

Cavalcanti Junior, Flavio
Senhor TV / Flávio Cavalcanti Junior. - 1. ed. - São Paulo: Matrix, 2021.
200 p.; 23 cm.

ISBN 978-65-5616-177-8

1. Cavalcanti, Flavio, 1923-1986. 2. Apresentadores (Teatro, televisão, etc.) - Brasil - Biografia. 3. Jornalistas - Brasil - Biografia. I. Título.

21-74312

CDD: 920.5
CDU: 929:070(81)

Leandra Felix da Cruz Candido - Bibliotecária - CRB-7/6135

SUMÁRIO

PREFÁCIO	7
OS PRIMEIROS ANOS	9
RAÍZES	15
CRIATIVIDADE ÀS TONELADAS	19
TENENTE BANDEIRA, TENÓRIO E SUA "LURDINHA"	23
TEMPOS DIFÍCEIS	31
A FAMÍLIA CRESCE	35
PROGRAMA FLAVIO CAVALCANTI	41
WILSON SIMONAL, UMA CARREIRA INTERROMPIDA	45
OS BASTIDORES DE UM SEQUESTRO	47
UM FILHO EM MINHA VIDA	49
LÍDER DE AUDIÊNCIA!	51
CARLOS IMPERIAL, O TAL	53
UMA INJUSTIÇA REPARADA	57
OPERAÇÃO "TRAZ O HOMEM"	61
ÀS VOLTAS COM A CENSURA	67
A DESCONHECIDA FIGURA HUMANA DE FLAVIO CAVALCANTI	71
A PUNIÇÃO DE FLAVIO	77
O INÍCIO DO FIM	81
EMOÇÃO NO PALCO	83
DINHEIRO CURTO, TEMPOS DIFÍCEIS	87
SUCESSO E FRACASSO NA NOITE	91
TRAGÉDIA E BOATO NO CAXAMBU	95

VIDA QUE SEGUE	97
O VOO SOLO	99
TEMPOS FELIZES	105
NA CORTE DO PLANALTO	113
PREOCUPAÇÕES COM DONA BELINHA	115
AS GOTINHAS DO DR. SABIN	117
O NASCIMENTO DA REDE MANCHETE	119
O FANTÁSTICO ADOLPHO	125
FLAVIO FORA DO AR	131
SEU FLAVIO NA PAULICEIA DESVAIRADA	133
NASCE A REDE MANCHETE	135
E LÁ VOU EU	141
BOA NOITE, BRASIL	147
O PRESIDENTE QUE NÃO PRESIDIU	153
CORRENDO ATRÁS DO SONHO	159
AS GRANDES PERDAS	163
ANJOS, DIABOS (NA POLÍTICA) E OUTROS BICHOS	169
ÚLTIMAS PALAVRAS	177
NOSSAS FOTOS, POR FAVOR	179

PREFÁCIO

Quem espera que este livro seja apenas do filho falando sobre o pai, um dos mais importantes pioneiros da TV brasileira, desista. Flavio Cavalcanti pai está presente, citado como "o velho", um modo carinhoso como desde a juventude o filho o tratou. No entanto, a maravilha que se revela nestas páginas é a história de um rapaz que, carregando o nome do pai, transitou na mesma área, fez seu próprio caminho, tornando-se um profissional de enorme importância na implantação de novas redes de TV no país. Construiu uma trajetória que o levou a circular com diplomacia entre os maiores escalões da política em Brasília e, entre muitas atividades, negociou para que os grupos Bloch e Silvio Santos expandissem suas áreas de atuação.

Para quem conhece Flavio Cavalcanti Junior, ao ler este livro é possível ouvir a sua voz em cada frase. Entonações, sorrisos, tensões, tudo se percebe na forma coloquial como conta sua vida. As histórias deliciosas têm menos de 50 anos e são de um período em que o país crescia, a criatividade era a tônica para grandes momentos do entretenimento e a política fervilhava com a chegada das eleições diretas. Tudo isso Flavio assistiu de camarote, no centro do poder em Brasília... É uma leitura que agradará a todos, independentemente de terem ou não vivido esses tempos, inclusive a mim, esta amiga e eterna secretária do "velho".

Léa Penteado, jornalista e escritora

OS PRIMEIROS ANOS

A madrugada morna do início de setembro assiste, impassível, às dores da minha mãe, naqueles momentos que antecedem a chegada. O ano, 1950. A casa, modesta, na Rua Caniú, 90, perto do Largo do Pechincha, em Jacarepaguá, que naquele tempo parecia uma pequena vila do interior. Por muito pouco deixei de vir ao mundo, ajudado pelas luzes do farol de um velho Land Rover, sobrevivente da Segunda Guerra, único veículo seguro que enfrentava as estradas de terra e lama da região e que, por diversas vezes, ajudou a iluminar os jantares de meus pais naquele lar sem energia elétrica. Meu avô Maneco, pai do meu pai, médico e parteiro muito respeitado, havia assegurado que faria o parto em casa mesmo, "afinal de contas, gravidez não é doença, e se o farol de um jipe servia para iluminar jantares que frequentemente eram feitos na varanda, por que não poderia iluminar o nascimento do meu neto?". Felizmente a Light contornou eventuais problemas, ligando, dias antes do nascimento, a tão esperada luz elétrica.

Fui puxado, recebi o primeiro tapa, berrei o berro dos que apanham sem saber por que e vi encerrada, assim, aquela deliciosa temporada passada na barriga da minha mãe.

Fui aconselhado a ficar bem quietinho, pois, afinal, os humores das pessoas ainda estavam abalados com a tragédia ocorrida três meses antes, quando um certo Ghiggia, aos 34 minutos do segundo tempo, liquidou com os maiores sonhos da nação. A derrota para o Uruguai em pleno Maracanã permaneceria entalada na garganta dos brasileiros ainda por muito tempo, e acabou sendo substituída bem mais tarde pela tragédia do Sarriá, em 1982, e em 2014 pela surra do 7 x 1 promovida por aqueles comedores de chucrute.

Parece até que houve gente que jamais se recuperou dessas tragédias, mas, naquele tempo, minhas preocupações eram outras. Por exemplo, decifrar o real significado do primeiro presente que recebi do meu avô, um dia após ter ele me trazido ao mundo: uma foto dele na qual, no verso, escreveu um prosaico "Ao Flavio Junior, lembrança do vovô", e logo abaixo da sua imagem colocou em letra de imprensa, certamente para facilitar minha leitura, uma assustadora preocupação: "Flavinho, vejas lá o que vais fazer!". Essa primeira mensagem transformou-se em obsessão ao longo da minha vida. Se o que eu viesse a fazer no futuro já era motivo de dúvidas e angústias do meu avô ao olhar aquela inocente carinha enrugada recém-chegada, imagine você o que não se passava na cabeça do proprietário da cara.

Bem, mas ainda não havia chegado a hora das dúvidas existenciais, que só viriam anos depois, amplificadas pelas teorias de intelectuais, como Jean-Paul Sartre e Simone de Beauvoir, que entraram na moda nos anos 1960 e saíram, sem deixar maiores vestígios. Os meus primeiros tempos corriam, ou melhor, se arrastavam, naquela lentidão interiorana de Jacarepaguá, onde vivi uma infância igual à de todo mundo, com algumas manhas, muitos tombos, palmadas aqui e acolá e algumas notas baixas.

Mas, precoce, já aos 5 anos eu descobri o que seria quando crescesse: bode. Seduzido pelo que considerava uma vida fácil e bucólica, decidi, após passear numa pequena charrete, que queria levar a mesma pacata vida daquele animalzinho tão simpático, cujo máximo esforço consistia em carregar, lentamente, crianças como eu, numas duas ou três voltas em torno da pracinha do bairro. Devo admitir que, ao anunciar a primeira decisão importante que tomei, minha família ficou um tanto chocada, mas eles tiveram a sabedoria de esperar, pois, quem sabe, essa estranha inclinação passaria com o tempo.

Enquanto isso, Flavio Cavalcanti, meu pai, sonhava ser jornalista e compositor, mas, para sustentar a família que ia formando, resolveu participar de um concurso público, na companhia do amigo Sérgio Porto. Aprovados, ambos viraram funcionários do Banco do Brasil. Trabalhavam ali o mínimo necessário para manter o decoro, enquanto iam dando os primeiros passos na construção de suas respectivas carreiras jornalísticas. Sérgio logo se transformaria no genial Stanislaw Ponte Preta. A amizade de ambos vinha dos tempos de juventude, tendo durado até a prematura morte do escritor. Sérgio, sua mulher, Dirce, e as filhas, volta e meia passavam o fim de semana em nossa casa de Petrópolis. Momentos de muitas risadas. Sérgio era incapaz de dizer duas frases que não contivessem pelo menos dez piadas. Ele morreu muito cedo, deixando uma enorme lacuna na inteligência brasileira, com seus inesquecíveis textos do Febeapá – Festival de Besteira que Assola o País.

Continua assolando, Sérgio!

Dedicação, mesmo, papai devotava ao seu trabalho como repórter e colunista do jornal *A Manhã* e ao projeto do seu primeiro programa de rádio.

Ele iniciou no jornalismo anos antes, como todos naquela época, trabalhando como foca nas redações. Papai, no entanto, com a impaciência e a pressa de um jovem de 22 anos, resolveu que deveria queimar rapidamente essa etapa e partiu para fazer sua primeira grande matéria.

Em 1945, o presidente Getúlio Vargas fora derrubado, após, mais uma vez, tentar adiar as eleições para escolha do seu sucessor. A Segunda Guerra Mundial chegara ao fim e não havia mais sentido o Brasil, depois de ter participado da luta pela libertação da Europa, continuar esmagado por um regime ditatorial. Mas, após um longo exílio nas suas fazendas no Rio Grande do Sul, Getúlio volta ao Rio, se hospeda na casa de um amigo e começa a se articular para disputar, desta vez no voto, as eleições presidenciais de 1950. Que tal uma entrevista com o presidente deposto? Pois é, meu pai também achou que a ideia era ótima. Ele e provavelmente todos os jornalistas de nome neste país. Acontece que o homem estava isolado num apartamento no Morro da Viúva, entre as praias de Botafogo e do Flamengo, local que guarda uma das vistas mais espetaculares dessa cidade que sonhamos, um dia, possa voltar a ser maravilhosa. O prédio era guardado por policiais do governo que havia assumido, mas também pela própria guarda pessoal de Getúlio. Papai inventou, na portaria, que havia sido contratado como garçom de uma festa que aconteceria no apartamento vizinho ao do ex-presidente. Subiu até lá e, com apelos dramáticos, dizendo-se pai de dois filhos e em risco de ser despedido caso não conseguisse a entrevista, convenceu a apavorada dona da casa a permitir que ele fizesse um salto da sua varanda para a varanda do apartamento de Getúlio. A loucura seria completada com êxito, não fosse o pequeno problema de ser imediatamente imobilizado por Gregório Fortunato, o fiel amigo e guarda-costas de Vargas que, anos mais tarde, em 1954, se envolveria na tentativa de assassinato de Carlos Lacerda, gerando uma das maiores crises dessa nossa tumultuada vida republicana. Papai foi salvo pela intervenção do proprietário, Alencastro Guimarães, ex-ministro do governo Vargas. Este, ao tomar conhecimento das pretensões do futuro repórter, mandou Gregório soltá-lo e pediu que ficasse de olho nele, enquanto conversava com o ex-presidente. Alguns momentos depois, para surpresa e emoção de Flavio, eis que entra na sala o dr. Getúlio, acompanhado da mulher, dona Darcy. Explicações dadas, algumas mentiras de conveniência, como a história dos filhos, que ainda estava longe de ter, e do emprego, que corria o risco de perder, o que interessa mesmo é que, em dez minutos, ele é convidado a sentar-se na sala, formando-se uma roda com a participação de dona Darcy, a filha do casal, Alzira do Amaral Peixoto, e o próprio Alencastro.

Gregório, sem entender bem por que toda aquela atenção dada ao invasor da residência do seu patrão, encarava meu pai com jeito de poucos amigos. Nada de muito espetacular foi extraído do entrevistado. Ele apresentou suas justificativas para desejar adiar as eleições, afirmando que o povo ainda não estava preparado para votar e que ainda restavam muitas coisas a realizar, como a implantação definitiva da siderúrgica de Volta Redonda, dar aos trabalhadores brasileiros direitos que ainda não tinham, o fortalecimento da Previdência Social etc.

Assim, o bancário Flavio Cavalcanti, trabalhando na seção de cadastro geral do Banco do Brasil, torna-se repórter profissional. O dr. Ernani Reis, diretor do jornal *A Manhã*, impressionado com aquele rapaz magrinho principiante que lhe trouxe a tão sonhada matéria, deu-lhe um aumento significativo e recomendou que o meu velho entrasse para o Sindicato dos Jornalistas.

Nos primeiros anos da década de 1950, papai acabaria se transferindo do banco para a tesouraria da Alfândega do Rio de Janeiro, deixando para trás sua improvável carreira de bancário. Obstinado, seguia também investindo na sua carreira de repórter, enquanto preparava sua estreia no rádio. Em 1952 lançou o programa *Discos Impossíveis*, na Rádio Mayrink Veiga. Ali ele fazia de tudo: criava, produzia, apresentava. Carregava um enorme e pesado gravador de rolo para todo lugar (não havia, ainda, os confortáveis e práticos gravadores portáteis), colhendo depoimentos e entrevistas. Essas gravações eram, mais tarde, prensadas em acetato e transformadas em discos, os "78 rotações" da época. O velho chegou a juntar mais de mil discos, que tinham de tudo um pouco, incluindo alguns biscoitos finíssimos, como Dorival Caymmi, Billy Blanco, Ary Barroso compondo e cantando uma de suas músicas durante um passeio pela Baía de Guanabara, no iate do amigo Victor Bouças. Havia discos registrando batida policial em favelas, cantores e compositores em longos papos, mostrando seus trabalhos; enfim, reportagens e documentos sobre uma infinidade de temas. Posso dizer que o programa era uma espécie de "Fantástico" radiofônico.

Em 1955 ele lançou um segundo programa na mesma Mayrink Veiga, desta vez o *Nós, os Gatos*. Neste, dividia a apresentação e produção com seus amigos e futuros compadres, Manuel Bernardes Müller, o Maneco, e sua futura mulher, Gilda Robichez Ramos. Maneco era o mais famoso colunista social da época, usava o pseudônimo Jacinto de Thormes, nome que tomou emprestado da obra *A cidade e as serras*, de Eça de Queiroz. Quase um lorde, com seu inseparável cachimbo, escrevia com a mesma elegância com que se vestia e se comportava. Foi ele o criador de um estilo menos protocolar que o então usado, em que se descreviam em detalhes os vestidos e adereços das deslumbrantes mulheres que desfilavam pela vida noturna carioca. Maneco enchia sua coluna de notinhas que interessavam também ao mundo dos negócios e que teve, mais tarde, Ibrahim Sued e Zózimo Barroso do Amaral como seus fiéis seguidores.

Meu pai e ele passaram a apresentar no rádio um programa batizado de *Nós, os Gatos*, que tratava da efervescente vida social da antiga capital federal, onde a presença dos três poderes da República gerava uma inesgotável fonte de notícias e fofocas. A noite, especialmente na zona sul, pontilhada de inferninhos, como eram então chamadas as pequenas boates, era o ambiente ideal para saber o que estava acontecendo de importante no Brasil. Ali, no escurinho das mesas de canto, ao som do que havia de melhor na música internacional e brasileira da época, namorava-se muito, trocavam-se confidências, especulava-se sobre a vida do ministro fulano, do deputado beltrano, da *socialite* bonita que estava tendo um caso com sicrano, faziam-se negócios. Resumindo, falava-se da vida de todo mundo. Como, aliás, ficou claro numa frase cunhada, ao que parece, pelo próprio Maneco: "Em sociedade, tudo se sabe".

O programa ia ao ar nas noites de domingo e, curiosamente, com o patrocínio da Sacha's, a mais badalada casa noturna da época.

RAÍZES

As famílias Cavalcanti e Quintão tornaram-se amigas no início dos anos 1920, quando ambas foram morar em Uberaba, Minas Gerais; um era médico, e o outro, gerente do Banco do Brasil. Três anos depois, consolidaram essa relação, com vovô Maneco e Maria Eugênia batizando a segunda filha dos vovós Quintão. Já como compadres, voltaram ao Rio mais ou menos na mesma época, onde cada um tratou de tocar sua vida e aumentar a prole. Assim tiveram Flavio e mais três filhos, e o outro casal, a Maria José e sua irmã Maria Isabel.

Dona Belinha, desde muito jovem, apresentava problemas de saúde. Com pouco mais de 30 anos, já havia sofrido dois derrames, tendo o primeiro levado a visão de um de seus olhos, e o segundo, dois anos depois, comprometeu sua audição. Sua pele era muito fina e sensível, o que a impedia de se expor ao sol, além de não conseguir conviver com o calor nem poder tomar banhos quentes. Eram de dar dó os uivos que emitia em seus congelantes banhos, durante os invernos de Petrópolis. Com esse quadro tão limitante, mamãe, desde criança, buscou refúgio no mundo da música clássica e da cultura. Ali ela reinou a vida inteira. Com 5 anos, tornou-se pianista e se apresentou no Teatro Municipal. Aos 12, conseguiu do então Ministério da Educação e Cultura (MEC) uma autorização especial para frequentar o curso de nível superior, a Escola de Música da Universidade Federal do Rio de Janeiro, onde se formou com 15 anos. Em seguida, fez curso de idiomas na PUC e seguiu para os Estados Unidos a fim de obter seu doutorado na Marymount College, em Nova York. Uma moça bonita, que deixou por lá quase 25 quilos de excesso de peso que havia carregado até o final da adolescência. Faz parte da lenda familiar a história de que meu futuro pai recebia uns trocados da vovó Maria Eugênia para dançar com a gorducha Belinha, nos saraus que frequentavam. A mulher bonita e independente que volta ao Brasil dois anos depois, com seu diploma, falando quatro idiomas, além do português, começa a trabalhar no Ministério das Relações Exteriores como intérprete e tradutora dos textos oficiais, no gabinete de três ministros de Estado, fascina Flavio e estremece um noivado que ele estava prestes a assumir. Da paquera ao namoro, noivado e casamento em 1948. Depois, três filhos. A primeira foi Amair, seguida do escritor que vos narra esta história e, fechando o quadro, Fernanda, que infelizmente já nos deixou.

Flavio era apaixonado pela música popular brasileira. Em 1951 ele compôs, em parceria com seu irmão Celso, sua primeira canção. Chamava-se "Mancha de batom", logo gravada pelo grupo vocal Os Cariocas.

Artistas geniais, como Billy Blanco, Dorival Caymmi, Marisa Gata Mansa, Elizete Cardoso, maestro Moacyr Silva, Dolores Duran e Doris Monteiro, frequentavam habitualmente nossa pequena cobertura da Rua Xavier da Silveira, em Copacabana, para conversas intermináveis, tendo como pano de fundo sempre um som de piano, muitas vezes executado pela própria dona Belinha, minha mãe. Dolores, inclusive, terminou de compor sua lindíssima "Noite do meu bem", um clássico da MPB, na nossa casa, precisamente no dia 4 de junho de 1959. Guardamos, como um troféu, a letra da música escrita numa das muitas madrugadas que passou por lá.

Nesse ritmo, convivendo com tantas excelências da música, papai se arriscou em uma nova experiência como compositor, mais uma vez com o irmão Celso. Criaram "Manias", que mesmo os maiores críticos musicais não puderam deixar de elogiar. Afinal, o trecho da letra que dizia "dentre as manias que eu tenho, uma é gostar de você" não era comum quando se tratava de amadores bem-intencionados. Na realidade, foi um grande sucesso, e ainda hoje a música faz parte do repertório de toda a geração que foi embalada com sambas-canções. Detalhe: ela foi composta por correspondência, pois meu tio Celso era diplomata, trabalhava na embaixada brasileira em Washington. Ele enviava pelo correio do Itamaraty a fita com a música que compunha e o velho retornava com a letra. A primeira gravação foi na voz de Helena de Lima, em 1956, mas "Manias" foi interpretada também nas vozes de Dolores Duran, Elizete Cardoso, Os Cariocas, Claudete Soares, Wilson Simonal, Alcione e, mais recentemente, por Nina Becker.

> Dentre as manias que eu tenho
> Uma é gostar de você
> Mania é coisa que a gente
> Tem mas não sabe por quê
> Mania de querer bem
> Às vezes de falar mal
> Mania de não deitar
> Sem antes ler o jornal
> De só entrar no chuveiro
> Cantando a mesma canção
> De só pedir o cinzeiro
> Depois da cinza no chão
> Eu tenho várias manias
> Delas não faço segredo
> Quem pode ver tinta fresca
> Sem logo passar o dedo?
> De contar sempre aumentado
> Tudo o que diz ou que fez
> De guardar fósforo usado
> Dentro da caixa outra vez
> Mania é coisa que a gente
> Tem mas não sabe por quê
> Dentre as manias que eu tenho
> Uma é gostar de você

Conheci muito pouco esse meu tio Celso, que veio a falecer prematuramente em 1957, vítima de um infarto fulminante. Meu pai, traumatizado, desistiu de continuar compondo sem o seu muito querido parceiro. E a MPB certamente perdeu um excelente letrista.

Guardo, no entanto, uma história interessante do tio Celso, que acho que vale a pena contar. Num final de tarde, ele oferecia um coquetel em sua residência, em Washington, para meia dúzia de empresários americanos que pensavam em investir no Brasil. No meio do encontro, a responsável pelo bufê segredou ao tio Celso que o champanhe havia acabado. Inspirado, ele mandou servir, nas mesmas taças, uma bebida que trazia sempre do Brasil para seu consumo pessoal, o guaraná Antarctica, na garrafinha que se chamava caçula.

O sabor daquela bebida exótica foi um tremendo sucesso. Dias depois, um dos seus convidados apareceu na embaixada para saber detalhes daquele refrigerante delicioso que havia tomado. Imediatamente, Celso o colocou em contato com a Companhia Antarctica Paulista, fabricante da maravilha – correspondência pra lá, correspondência pra cá, tudo era muito lento num mundo que ainda não conhecia internet, telefone celular ou comunicação por satélite. O fato é que, após meses de troca de informações, o fabricante brasileiro encerrou as negociações de uma forma simplória: não havia condições de atender ao pedido de milhares de garrafas que seriam distribuídas em três pequenos estados americanos escolhidos como mercados-teste. Simplesmente, o pedido era maior do que a capacidade de produção anual do refrigerante pela Antarctica.

Em meados de 1956, uma grande novidade: Maneco, que além de colunista social era jornalista esportivo, teria de acompanhar a seleção brasileira numa série de amistosos na Europa. Ele tinha um programa semanal de entrevistas na televisão chamado *Acontece Jacinto de Thormes*, dirigido pelo jornalista Fernando Barbosa Lima, e convidou então o velho para substituí-lo durante suas três semanas de ausência.

Imagine o nervosismo e a excitação que tomaram conta de nós todos, ao ver papai aparecer naquela telinha novidadeira. Não entendi nada do que foi dito no ar, mas, do alto dos meus 6 anos, concluí que devia ter sido muito bom, pois, a partir daquele dia, nossa vida começou a mudar – ressalte-se que sob os mais veementes protestos de meu avô, o dr. Cavalcanti, que achava sem futuro aquele negócio de televisão.

CRIATIVIDADE ÀS TONELADAS

Papai, desobediente como são quase todos os filhos, mandou o emprego público às favas e entrou de cabeça, como em tudo que fazia, no novo mundo que engatinhava e que, ainda adolescente, ganharia do imortal Stanislaw Ponte Preta a sua ácida definição: "máquina de fazer doido". Mesmo com a volta de Maneco, os diretores da televisão acharam que aquele rapaz levava jeito para o negócio e lhe pediram que criasse um programa próprio. Ideias nunca foram problema para o velho. Elas jorravam aos borbotões de sua cabeça, estimulada por uma insônia crônica que o levava a varar madrugadas inteiras, criando reportagens e escrevendo os seus programas.

E foi assim que começou, de verdade, a carreira de um dos mais importantes e polêmicos comunicadores da televisão brasileira. Flavio não levou muito tempo para criar um programa que juntasse suas duas grandes paixões, o jornalismo e a música. No início de 1957 nascia o *Reportagem Musical*, que acabaria ficando muito mais conhecido como *Um Instante, Maestro!*, por causa da mão espalmada que ele mostrava para interromper a execução das músicas de que não gostava – gesto que ele dirigia ao maestro e saxofonista Moacyr Silva, que comandava a banda do programa. Moacyr construiu uma brilhante carreira musical nos Estados Unidos, onde morou por muitas décadas. Entre elogios e discos quebrados de gravações de que não gostava, papai acabou gerando muitas polêmicas, que repercutiam durante a semana nas rodas de discussão na cidade e na mídia impressa. Ao fim e ao cabo, acredite, muitos compositores pediam ao velho que esculhambasse suas músicas, pois isso as tornava famosas e acabavam vendendo muito mais. O compositor gaúcho Vitor Mateus Teixeira, o Teixeirinha, com seu "churrasquinho de mãe" (O maior golpe do mundo / Que eu tive na minha vida / Foi quando com nove anos / Perdi minha mãe querida / Morreu queimada no fogo / Morte triste e dolorida / Que fez a minha mãezinha / Dar o adeus da despedida...), ligava volta e meia para meu pai, pedindo encarecidamente que ele quebrasse seus discos para aumentar as vendas, que chegavam a centenas de milhares.

Mas a maioria dos compositores não achava a menor graça em ter suas músicas esculhambadas por aquele sujeito impertinente. Um dia, Flavio comentou, até meio em tom de brincadeira, os versos de Ary na celebradíssima "Aquarela do Brasil": "Ora, seu Ary, falar 'esse coqueiro que dá coco'? Ô, Ary, você quer que coqueiro dê o quê? Jaca?". Ary, que por sinal também adorava descobrir defeitos nas músicas alheias, decidiu romper com o velho. Na verdade, ele não era também uma personalidade, como diria, fácil. Ao contrário, era temperamental e meio rabugento. Além de extraordinário compositor, também brilhava como locutor esportivo, absolutamente passional e parcialíssimo quando se tratava de jogos do Flamengo. A tal ponto que evitava narrar os ataques dos times adversários, soltando a frase: "Ih, os homens estão vindo para cima de nós. Eu não quero nem olhar!" Ary comandava, ainda, um famoso programa de calouros e, por diversas vezes, dava tremendas broncas nos pobres participantes quando eles gaguejavam os nomes dos autores das músicas que iriam cantar. Pior ainda se o autor fosse ele próprio. Aí, Ary enlouquecia e espinafrava o infeliz.

Em 1957 veio o *Noite de Gala*, o mais sofisticado programa de televisão até então realizado no Brasil, que se tornaria padrão de produção televisiva, sendo inúmeras vezes copiado, mas jamais reproduzido. *Noite de Gala* nasceu da mente de um maravilhoso visionário, Abraham Medina, dono do Rei da Voz, uma rede de lojas de eletrodomésticos e instrumentos musicais (pode acreditar, o carro-chefe das vendas eram os acordeões Scandalli). O nome das lojas era uma homenagem ao seu compadre, o cantor Francisco Alves, que por seu vozeirão acabou recebendo esse apelido e tinha morrido tragicamente no auge da carreira, vítima de um acidente de automóvel na Rio-São Paulo. Numa lógica simples, Medina decidiu criar um grande programa de televisão a fim de alavancar as vendas dos respectivos aparelhos, que encalhavam nas lojas por falta de maior interesse da população devido à pobreza da programação que lhe era oferecida.

Você não pode imaginar quão chata e formal era a televisão naqueles primeiros anos. No fundo, não passava de um rádio com imagem cheia de chuvisco e fantasmas, além de muito menos ágil ou divertida. Ainda estávamos longe de dominar sua linguagem. *Noite de Gala* veio para mexer com a pasmaceira. Era dividido em duas partes. A primeira apresentava sempre um grande *show,* com atrações internacionais do tipo Sammy Davis Jr., Josephine Baker, Nat King Cole, além de todos os grandes artistas brasileiros da época. À frente da orquestra, de costas para a câmera, portanto, um jovem maestro ainda desconhecido: Antonio Carlos Brasileiro de Almeida Jobim (fique de pé, por favor!). Flavio Cavalcanti foi contratado para fazer o que sabia: as reportagens que encerravam o programa e que, por isso mesmo, deveriam estar bem longe da banalidade.

Audiências beirando a unanimidade, reportagens denunciando corrupção na Câmara de Vereadores do Rio de Janeiro, que passou a ser conhecida como "Gaiola de Ouro", despertando revolta na população, que saiu às ruas para apedrejar o prédio e impedir os excelentíssimos vereadores de entrar. Ficaram na história matérias como a que Flavio fez com o técnico responsável pela manutenção do relógio da Central do Brasil, então o maior relógio de quatro faces do mundo. As câmeras e o poderoso holofote para viabilizar as imagens da reportagem foram colocados no terraço do prédio onde funcionava o Ministério do Exército, que ficava em frente à Central, mas a uma distância de uns 300 metros. Papai e o técnico, desafiando o perigo, apareciam pequenos na tela, pois o *zoom* das câmeras que aproximavam as imagens era muito limitado. Com os dois sentados lado a lado no ponteiro maior, Flavio ia ouvindo as curiosas histórias sobre o funcionamento, manutenção e precisão do relógio. O problema era que o ponteiro ia avançando em direção aos trinta minutos, fazendo com que os dois, que naturalmente estavam amarrados, começassem a escorregar, gerando um *frisson* que, nos telespectadores mais sensíveis, se transformava em pânico.

TENENTE BANDEIRA, TENÓRIO E SUA "LURDINHA"

Pouco a pouco, Flavio Cavalcanti foi assumindo o papel de principal repórter do veículo que dava os seus primeiros passos. E os desafios iam ficando maiores. Nada era suficientemente bom para ele, nada havia que não se sentisse obrigado a superar na semana seguinte. E o inimigo a vencer não era apenas o canal concorrente, mas, também, os cinemas e os restaurantes. Era um grande barato constatar que, nas noites de segunda-feira, alguns cinemas fechavam e restaurantes ficavam vazios, e ver que as reportagens do programa passavam a ser obrigatórios nas rodas de bate-papo que se formavam pela cidade no dia seguinte. A cada sete dias, um desafio: como prender a atenção do público na semana seguinte?

Mesmo a televisão ainda não sendo um bem de consumo tão popular quanto se tornou anos mais tarde, todo mundo assistia aos grandes programas por meio do democrático processo que ficou conhecido como os "televizinhos". Quem não possuía o seu televisor, contava ao menos com um vizinho prestativo, para juntos assistirem ao espetáculo, ainda que a imagem fosse cheia de chuviscos e fantasmas. No momento em que estamos chegando à tecnologia 5G, que proporciona imagem e som cada vez mais próximos da perfeição, lembro, aqui, do Bombril, palha de aço salvadora, que tantas vezes era grudada nas antenas caseiras a fim de reforçar um pouco o fraco sinal que as emissoras geravam para os nossos lares.

"Senhoras e senhores, boa noite! O programa *Noite de Gala* veio hoje à Penitenciária Frei Caneca para falar com um homem que está preso, acusado de um crime de morte. Tenente Bandeira, o senhor matou Afrânio Arsênio de Lemos?". A audiência era absoluta, a cidade inteira acompanhava, atenta. A população, bombardeada pela cobertura do rádio, jornais e revistas, estava ainda chocada com o crime ocorrido havia quase dez anos.

Resumindo: em abril de 1952, o tal Afrânio, rapaz de 31 anos, pertencente à alta classe média, apareceu morto com três tiros dentro de um Citroën preto na Ladeira do Sacopã, na Lagoa Rodrigo de Freitas, no Rio de Janeiro. O caso tinha sua dose de escândalo sexual, pois suspeitava-se que fosse ciúme o motivo do assassinato.

A vítima e o tenente Bandeira apaixonaram-se pela mesma mulher, Marina Andrade Costa, muito bonita, que acabaria se envolvendo com os dois, ou seja, o ingrediente básico para um homicídio. O fato é que essa história, que hoje provavelmente ficaria limitada a um ou dois dias de cobertura jornalística, rendeu anos, proporcionando tiragens fantásticas de jornais e de revistas, particularmente *O Cruzeiro*. O tenente da Aeronáutica Alberto Jorge Franco Bandeira foi a julgamento e condenado a quinze anos de prisão. Mais tarde, o julgamento foi anulado pelo Supremo Tribunal Federal e o tenente passou vinte anos desaparecido, tempo suficiente para a prescrição do crime, que sempre jurou não haver cometido.

Voltando ao *Noite de Gala*, como não havia videoteipe naquele tempo, a tensão que essas matérias ao vivo despertavam era enorme. Meu pai, anos mais tarde, numa entrevista, explicitou o seu lema na televisão: "Quero que o meu telespectador fique na ponta da cadeira vendo meus programas; ele não pode relaxar me assistindo, porque senão troca de canal ou dorme. Não me importo muito se ele concorda comigo, mas é preciso que ele se sinta por fora quando não me assiste".

Com os parcos recursos técnicos então existentes, fazer uma externa era uma trabalheira infernal. Os caminhões que carregavam equipamentos deviam ser deslocados até doze horas antes do início dos programas, e era um tal de puxar cabos de câmera, fixar refletores de luz, geradores de energia, instalar os *links* de micro-ondas e outras tarefas – enfim, somente grandes matérias, como a que envolveu Tenório Cavalcanti, justificavam um esforço desse tamanho.

Tenório era uma mistura curiosa de político, proprietário de jornal, o *Luta Democrática*, além de "dono" de Duque de Caxias, então uma das cidades mais violentas da Baixada Fluminense. Seu poder, naquela época, era enorme. O homem, quase uma lenda viva, fazia questão de impressionar, e o seu instrumento principal de persuasão era uma sugestiva e propositadamente sempre mal disfarçada metralhadora. Mantida sob uma capa preta, a arma era conhecida pelo encantador apelido de "Lurdinha". Pode-se imaginar a figura que, anos depois, seria levada para o cinema, com José Wilker no papel principal. Flavio soubera que Tenório mantinha escondido em sua fortaleza (assim era chamada a casa onde morava, em Caxias, de fato uma fortaleza, com muros altos, portas e janelas de aço, que a tornavam invulnerável aos muitos inimigos do chefão da Baixada) o verdadeiro assassino do Sacopã, um matador profissional chamado Joventino Galvão da Silva.

Como Tenório sempre defendera a inocência de Bandeira, foi um prato de primeiríssima qualidade para o *Noite de Gala*. E lá foi o velho negociar com a turma do chefão a apresentação do suposto criminoso diante das câmeras. Repito, os programas eram ao vivo, vivíssimo. E as chamadas para uma reportagem-bomba, como se dizia, começaram a pipocar na tela da TV Rio, naquele clima de "você não pode perder!" etc. e tal. Só que, na manhã da segunda-feira, Tenório ligou para meu pai, dizendo que razões tão fortes quanto incompreensíveis o levaram a desistir de revelar o nome do verdadeiro assassino e que, inclusive, o homem já estava escondido em outro lugar. A bomba, portanto, virou um traque e o anticlímax se instalou.

Desesperado com a reversão das expectativas, Flavio, que não teria tempo de produzir uma matéria diferente para aquela noite, combinou, então, fazer uma entrevista em que mostraria a famosa fortaleza e conversariam sobre o estilo de vida do célebre "Homem da Capa Preta".

É, mas ele guardava uma carta na manga! Uma das marcas registradas de Tenório era sua vasta barba grisalha. Não seria uma boa ideia raspá-la diante das câmeras? A repercussão seria enorme, e o velho começou a se mexer. Seguiu ainda no início da tarde para Caxias e indagou num posto de gasolina onde havia uma casa beneficente que cuidasse de crianças pobres e/ou abandonadas. Foi até lá e convidou o padre responsável a acompanhá-lo até a residência de Tenório para receber uma doação. Programa no ar, começa a lenga-lenga de mostrar a casa para os telespectadores. Tenório, muito falante e simpático, ia desmentindo sua fama de violento, assegurando que, ao contrário, como homem temente a Deus, só fazia o bem. Entusiasmado, disse que isso poderia ser verificado com um simples passeio pelas ruas de sua cidade, ouvindo os humildes; e por aí foi levando todo mundo na conversa.

Flavio, de repente, aproveitando-se da deixa da bondade, da alma caridosa etc., tirou o padre "da manga" e apresentou-o ao público, falando da importante obra social com crianças sem lar que ele desenvolvia. E emendou o desafio: o patrocinador, Rei da Voz, doaria uma elevada soma para a instituição do padre se, em troca, o anfitrião concordasse em ter sua barba raspada. O termo "saia justa", inventado para designar situações embaraçosas, ainda não existia, mas cairia perfeitamente bem na cena a que a cidade inteira assistia. Flavio já estava até com o barbeiro a postos. Tenório negaceou, embromou, estrebuchou, mas acabou concordando, convencido de que teria um desgaste político muito grande caso recusasse. O jeitão bonachão já havia desaparecido, e os olhos, que brilhavam com fúria, estavam longe de ser janelas de uma alma piedosa. Mas não havia jeito, e Tenório deixou-se escanhoar publicamente.

Acabada a tosa, o velho já ia dando boa-noite ao público telespectador – que, naquele momento, eram todos que possuíam um aparelho de televisão –, quando surgiu a vingança do homem. Tenório, com toda a tranquilidade, disse que Flavio não sairia de lá sem que uma de duas coisas acontecesse: ele, Tenório, daria à instituição o mesmo valor doado pelo patrocinador, mas em troca o velho teria de raspar a cabeça, aproveitando o mesmo barbeiro, ou mergulhar na piscina, de *smoking* e tudo. A tensão na fortaleza e entre os espectadores era indescritível. Parentes e amigos de Tenório presentes choravam ao ver seu herói sem sua emblemática barba.

Flavio, meio sem graça, tentou novamente encerrar o programa, mas o pessoal de Tenório não deixou. A coisa chegou a tal nível de tensão que Carlos Lacerda, governador do então estado da Guanabara e amigo do meu pai, acertou com seu colega, governador do antigo estado do Rio, Celso Peçanha, o envio de policiais para garantir a segurança do velho e de toda a equipe. Do lado de fora da casa, pedras começaram a ser atiradas no caminhão de externa e o jipe Willys dele foi virado e incendiado por populares, indignados com o desrespeito cometido contra seu ídolo. Flavio, para encerrar aquela história que já estava saindo do controle, deu, então, o mergulho na piscina, que, repercutido na imprensa de todo o país, se tornaria famoso. O velho se transformava, naquele instante, definitivamente, num dos maiores comunicadores da história da televisão brasileira.

Parecia tudo bem, mas não. Minha mãe, minhas duas irmãs e eu assistíamos a tudo na casa de um grande amigo da família, Sílvio de Carvalho, em Petrópolis. Mais do que na televisão, eu fixava os olhos em dona Belinha, e podia perceber o pavor estampado em seu rosto. Ela sabia dos riscos que seu marido estava correndo. Não por causa de Tenório, que, afinal de contas, era um profissional da mídia e da política, mas em razão de seus seguidores apaixonados, que poderiam tentar – como de fato aconteceu – uma vingança reparadora da honra do chefe, que julgavam conspurcada. Ameaças de morte a Flavio e sequestro dos filhos começaram a chegar por telefone a nossa casa, criando um clima de terror que, certamente, era amplificado na minha alma de menino de 9 anos. Fomos obrigados a passar uma temporada escondidos em casa de parentes, sem que minhas irmãs e eu sequer pudéssemos ir à escola.

A situação só melhorou quando, meses depois da entrevista/espetáculo, papai foi até a casa de Tenório, sem avisar, para uma conversa em que propôs que ele obtivesse dos seus fanáticos seguidores o compromisso de deixar nossa família em paz. Selaram o acordo com requintes de artistas: Tenório daria uma nova entrevista e o assunto seria encerrado. Desta vez a entrevista foi realizada na pérgula do Copacabana Palace, onde os dois trocaram juras de respeito mútuo, enquanto, sacanamente, as câmeras iam passeando entre a barba, àquela altura já restabelecida, e a piscina do Copa.

Vida que segue, os programas continuavam polêmicos e com enorme sucesso. Em março de 1962, Flavio foi aos Estados Unidos fazer um estágio na CBS, em Nova York. Como não falava inglês, levou consigo seu colega Murilo Néri para, com seu vozeirão e simpatia, ajudá-lo como intérprete. Participou da comitiva o jovem filho de Medina, Rubem, futuro deputado federal por sucessivos mandatos e empresário de sucesso. Estavam todos postos em sossego na Big Apple, quando Flavio toma a simples decisão de entrevistar o presidente John Kennedy!

Sob as gargalhadas dos seus companheiros de viagem, ele entra em contato com sua amiga Dora Vasconcelos, cônsul do Brasil em Nova York, que riu também do pedido estapafúrdio, mas disse que ia tentar obter um não oficial para sossegá-lo. Um dia depois, liga, excitada, dizendo que não sabia se a entrevista seria feita, mas que Pierre Salinger, porta-voz da Casa Branca, havia marcado uma audiência com ele no dia seguinte. Os três mosqueteiros partem de trem para Washington e se apresentam ao homem, que começa a conversa dizendo, entre sorrisos: "Senhor Cavalcanti, ainda bem que nosso presidente não tem barba", com base nas informações que recebera no pacote de dados sobre Flavio que a embaixada americana no Rio havia lhe passado.

Pois não é que o governo americano estava preparando o lançamento do programa Aliança para o Progresso para a América Latina e havia considerado que conceder a tal entrevista seria uma boa ação de relações públicas?

Pronto, seu Flavio tinha conseguido novamente!

Marcada para dois dias depois, pela manhã, com equipamento de filmagem em 16" fornecido pela própria Casa Branca, meu velho pediu ajuda à sua amiga Dora para montar o roteiro das perguntas.

Sete e meia da manhã, seu Flavio, Murilo e Rubem, no Salão Oval, acompanham nervosos a instalação das tralhas da filmagem, luz, som etc., quando ouvem um entusiasmado "Alô, bom dia!" do presidente americano entrando, ainda sem gravata e paletó. Entre sorrisos e apertos de mão, o nosso incansável repórter percebeu que Kennedy estava sem a aliança de casamento, apesar de o dedo anelar estar fortemente marcado. Flavio pediu a Murilo que perguntasse se Jacqueline estava bem. Ele fez a pergunta, meio sem entender o motivo, enquanto Flavio apontava o dedo do presidente, que, sorrindo, disse que tinha esquecido de colocá-la, pedindo a um ajudante de ordens que fosse apanhá-la. Tudo pronto, começa a gravação.

Durante a reportagem, Kennedy fez a saudação diplomática de praxe ao povo brasileiro e autografou a cópia de um documento histórico, o manuscrito de Abraham Lincoln conhecido como "Gettysburg Address". O documento propunha ao povo americano os novos rumos da nação, tão logo encerrada a sangrenta Guerra Civil que dividiu o Sul e o Norte dos Estados Unidos — a guerra matou mais de 500 mil soldados de ambos os lados, durante quase cinco anos. Kennedy pediu que meu pai fosse portador daquele documento e o entregasse ao presidente do Brasil, Jânio Quadros.

Uma feijoada na Quinta Avenida, na altura da Times Square, foi preparada para celebrar o grande feito. Coisa de americano. Basta pedir licença à prefeitura, pagar uma taxa e pronto, você está autorizado a fazer sua festinha na rua.

Na volta, papai desceu as escadas do avião empunhando uma metralhadora de brinquedo, que havia comprado para mim. Senti-me, assim, finalmente, em condições de brigar, de igual para igual, com Tenório, sua "Lurdinha" e sua barba.

Flavio, então, foi a Brasília cumprir sua missão diplomática, sendo recebido por Jânio no Palácio da Alvorada, no nada protocolar horário das 21 horas, durante uma solitária sessão de filmes de bangue-bangue e cerveja, não necessariamente nessa ordem. O presidente cumprimentou-o pelo furo de reportagem e se retirou, carregando o presente, não sem antes solicitar ao responsável que repetisse a projeção, para deleite do meu pai. Nunca mais se teve notícia do tal documento, que, com o assassinato de Kennedy em 1963, adquiriria valor ainda maior. Jânio, como é sabido, renunciaria meses depois, e, mesmo sendo diversas vezes cobrado por Flavio, nunca deu notícias a respeito de onde guardara o histórico documento – que deveria pertencer ao patrimônio nacional, mas, pelo visto, deve ter acabado em mãos de particulares.

Logo depois papai foi à Europa pela primeira vez, em companhia do patrão, Abraham, e do diretor de TV Carlos Alberto Loffler. Lá, ele conseguiu pegar carona numa audiência que autoridades brasileiras teriam com o papa Paulo VI, em busca da canonização do padre José de Anchieta. Recolheu, então, uma saudação de Sua Santidade para todo o povo brasileiro, fechando sua segunda grande matéria no exterior.

TEMPOS DIFÍCEIS

O governador do Rio, Carlos Lacerda, se dava muito bem com meu pai. Naturalmente, na medida em que um político polêmico como ele conseguia se dar bem com um jornalista. O fato é que havia uma óbvia afinidade entre os dois, que tinham uma certa semelhança física. Já minha mãe, fazendo jus a suas raízes mineiras, era uma juscelinista de quatro costados e considerava o líder udenista um incendiário perigoso. Ela nunca perdoou Lacerda pela tentativa de golpe que tinha liderado para impedir a posse do seu presidente Juscelino. Respeitava, no entanto – e mais que isso, admirava –, sua poderosa inteligência e cultura. Lembro de um dia lá na nossa casa de Petrópolis em que, depois de escutar em silêncio uma longa defesa que Lacerda fazia a respeito das suas batalhas políticas, dona Belinha disse mais ou menos o seguinte: "Governador, eu tenho muito prazer de recebê-lo na minha casa. Em primeiro lugar, porque o senhor é amigo do meu marido. Em segundo, porque é sempre bom conversar com pessoas cultas e inteligentes. Mas, por favor, não tente me convencer da correção de algumas atitudes suas, porque vai acabar conseguindo, e eu tenho certeza de que o senhor está errado".

Mamãe se referia à acirrada disputa que Lacerda e o presidente Jânio Quadros travavam, pois temia, com razão, que aquela história não fosse acabar bem.

Um belo dia de agosto, depois de tomar um dos seus famosos pileques, nosso presidente resolveu brincar de renunciar. Como o Congresso estivesse sóbrio, não entendeu a brincadeira e aceitou o pedido, iniciando, dessa maneira, um dos períodos mais conturbados da nossa história. O vice-presidente João Goulart assumiu o governo, trazendo consigo todos os viúvos do pranteado Getúlio Vargas, tendo na comissão de frente o inexcedível engenheiro Leonel de Moura Brizola. Pau pra lá, pau pra cá, ninguém era neutro. Lideranças civis, capitaneadas pelos governadores Magalhães Pinto, Carvalho Pinto e Carlos Lacerda, empurravam o governo federal contra a parede, obrigando-o a buscar apoio nas ruas por meio de comícios empolgantes, como o da Central do Brasil, ou dando cobertura à soldadesca dos quartéis, em confronto com seus superiores. Deu no que deu, e não vou aqui posar de historiador, até porque, depois dos quatro livros de Elio Gaspari sobre os anos da Revolução (ou golpe, como queiram), muito pouco resta a ser escrito sobre o assunto.

O que quero dizer é que meu velho ficou claramente a favor da turma que queria acabar com aquela bagunça toda. Havia racionamento de tudo, a toda hora, principalmente de luz e de água. Greves de bondes, de ônibus, de bancos, até de televisão. Esta última acabou provocando uma reunião dos funcionários das emissoras, para tomar conhecimento do andamento das negociações. Muito discurso, muita exaltação, algum radicalismo, até que chegou ao recinto da Assembleia o deputado Rubens Berardo, proprietário da TV Continental, Canal 9. Empunhando o microfone, comunicou a seus funcionários que poderiam suspender a greve, porque a empresa concordava em dar o aumento pretendido. Aplausos gerais soaram das galerias, até que um desmancha-prazeres pediu a palavra para indagar sobre os atrasos no pagamento dos salários da própria Continental, que, naquele instante, já chegavam a três meses. Berardo, impávido, disse que estava ali apenas para tratar de aumento de salário e não para discutir questões internas da Continental. E retirou-se.

Apesar de alguns momentos engraçados, o clima, em geral, era de tensão, e no dia 31 de março de 1964 as televisões permaneciam em greve. Flavio Cavalcanti, ajudado pelo então coronel César Montagna, que acabara de tomar o Forte Copacabana no tapa, invadiu a TV Rio, sua emissora, bem ali em frente ao Forte, e começou a dar as primeiras notícias sobre o andamento do movimento militar, naturalmente do ponto de vista dos golpistas. Lacerda, por telefone, dizia que a Revolução Redentora (na época, o adjetivo não tinha o tom de chacota que lhe foi incorporado anos depois, com toda a justiça) fora vitoriosa e que o presidente João Goulart já havia fugido para o Uruguai. Posteriormente, o povo foi convocado a marchar e a doar ouro para a restauração das finanças nacionais. Tudo, como sempre acontece aqui, acabou resultando em mais uma frustração. Aliás, muito pouco se soube sobre o valor e o destino do ouro arrecadado, que não deve ter sido pouco. A partir daí, os militares, com a generosidade e o patriotismo de sempre, começaram a salvar o Brasil – primeiro, dos comunistas, mais tarde, de todos nós, passando os vinte anos seguintes nessa árdua e "patriótica" missão.

Naqueles dias que se seguiram ao 31 de março, fui novamente lançado a um mundo de pavor, em razão das ameaças de morte feitas a meu pai. Mantínhamos o telefone enrolado em cobertor para abafar ao máximo o som estridente da campainha que não parava de tocar. Mas, na oportunidade, contei com um aliado importante para enfrentar meus pavores. Na viagem a Roma, papai trouxe para toda a família terços benzidos pessoalmente pelo papa Paulo VI. O meu, naquele momento, não saía do bolso durante o dia, e da mão, durante a noite. Lembro de ter acordado diversas vezes com uma leve ferida que o crucifixo de metal fazia, tanto eu o apertava nas mãos. Fingia que dormia até escutar os passos do velho entrando no apartamento. Então, agradecia a Deus por ter me dado mais um dia de pai e adormecia, rezando o terço.

A FAMÍLIA CRESCE

Em maio de 1965, houve um repentino aumento na família Cavalcanti. Numa bela tarde papai me aparece com um menino no colo, de aproximadamente 1 ano, todo machucado e com esparadrapos espalhados pelo corpo todo, à guisa de curativos, feitos pelo grande pediatra dr. Rinaldo De Lamare. Sua história era triste e comoveu todos nós. Washington, era esse o nome do menino, morava com sua mãe na antiga favela da Praia do Pinto, na beira da Lagoa Rodrigo de Freitas. Um dia, num ataque de loucura, ela levou o garoto até a beira da lagoa e tentou afogá-lo, não sem antes mergulhar o infeliz num tonel de piche que estava sendo utilizado para recapear a avenida. Uma dupla de policiais, que chamávamos de Cosme e Damião, passando pelo local, jogou-se na já então poluída água da lagoa, salvando o menino, cuja mãe, completamente fora de si, chamava aos berros de "Vachinton".

Meu pai estava a caminho da antiga TV Excelsior, onde trabalhava, e, vendo a confusão, com carros de polícia, trânsito parado, não resistiu à curiosidade de repórter e foi até lá ver o que estava acontecendo. Conversa vai, conversa vem, indaga o que seria feito da criança, que, além de molhada, estava com as placas de piche pelo corpo, a essa altura já endurecidas. A resposta foi que o menino seria levado até o Hospital Miguel Couto, ali perto, e depois entregue ao Serviço de Assistência ao Menor (SAM), instituição de péssima reputação, que abrigava crianças abandonadas. O SAM, mais tarde, foi extinto e substituído pela Fundação Nacional do Bem-Estar do Menor (Funabem). Coisas do Brasil – mudou-se o nome, mas o atendimento ao menor continuou a mesma porcaria. Voltando ao Washington, papai, do alto da sua "autoridade" de famoso homem de televisão, conseguiu permissão dos policiais para levar e cuidar do menino naquela emergência. Foi direto ao consultório do dr. De Lamare, provavelmente o maior pediatra que existia na época no Rio de Janeiro. O médico, com muito cuidado, retirou, com a ajuda de um bisturi, o piche grudado no garoto. Enquanto o atendimento era feito, o velho desceu do consultório, na Galeria Menescal, em Copacabana, e foi comprar fraldas e roupinhas para vestir o bebê.

Terminado o tratamento, o senhor Flavio teve a ideia mais brilhante do dia: levar Washington para o nosso apartamento na Rua Souza Lima, também em Copacabana. Foi um deus nos acuda em casa. Mamãe não achou a menor graça em receber aquele pobre garoto, cuja mãe, àquela altura, estaria presa em alguma delegacia da região. Minhas irmãs e eu não tínhamos voz na questão. Papai assegurava que seria tudo uma questão de dias, até conseguir encontrar um lugar adequado para acomodar o menino. Os tais poucos dias foram passando, as nossas duas Marias, que trabalharam em casa a vida inteira, começaram a cuidar e a se apegar ao Washington. Minha irmã mais velha, a Marzinha, de repente não o tirava do colo, e minha mãe, apesar da cara emburrada, foi deixando o tempo passar.

Um ano mais tarde, papai obtém na Justiça autorização para ficar com o menino, na condição de tutor. Ao nome Washington acrescentou-se o Luiz e um sobrenome de peso – Souza Lima. Não sem antes o velho ir até a penitenciária onde a mãe estava presa e indagar se ela ia querer o filho de volta após cumprir sua pena. Ela disse que de jeito nenhum, pois, uma vez livre, iria tocar a vida numa cidade no interior da Bahia, de onde havia saído. O fato é que sumiu no mundo e nunca nos procurou. Não teria sido difícil para ela localizar Flavio Cavalcanti para reclamar seu filho, se assim tivesse desejado.

Logo depois mudamos para Petrópolis, cidade que todos os Cavalcantis e o Souza Liminha aprenderam a amar. Fomos morar na belíssima casa que minha avó Amair (mãe de dona Belinha) havia construído e da qual pouco desfrutou, pois uma doença do sistema circulatório a impediu de sair do nível do mar. Em Petrópolis concluí, além do curso de segundo grau no Colégio Werneck, a minha adolescência e entrei devagarinho, como indicado, neste complicado mundo de adultos, com dois ou três acidentes de carro, matinês e namoricos no Quitandinha e os inesquecíveis bailes de Carnaval no Petropolitano. Vida muito boa!

A cidade tinha acabado de eleger um jovem prefeito, o arquiteto Paulo Gratacós, que rapidamente se torna amigo da família e frequentador dos almoços de domingo lá em casa. Num desses encontros, percebo que ele e o velho mantêm uma longa conversa a sós, acabando por me convidar para o papo. Uma conspiração havia sido feita e sou convidado para assumir extraoficialmente a função de oficial de gabinete do prefeito. Como ainda não havia completado 18 anos, trabalharia sem ser nomeado, e teria minha mesada reforçada pelo próprio Flavio, que achava estar na hora de passar a me ocupar mais do que com as quatro horas diárias de aulas que tinha no Colégio Werneck. Fiquei surpreso, mas gostei da ideia; o *dolce far niente* me parecia um pouco tedioso.

Um parágrafo para Paulo Gratacós, meu ídolo de então: moço culto, de oposição ao governo federal e corajoso. Naquela época estava em discussão, no olimpo de Brasília, uma relação de cidades que passariam a ser consideradas áreas de segurança nacional, e, nessa condição, teriam seus prefeitos nomeados, e não eleitos pelo povo. Numa tarde, ao receber o presidente Costa e Silva, que chegava para a temporada anual de verão na serra, Paulo perguntou-lhe se Petrópolis estaria na lista e afirmou que, caso essa honra lhe fosse atribuída, por ser local de veraneio de presidentes, o povo petropolitano abriria mão do privilégio, a fim de poder continuar a escolher seus governantes. O mal-estar geral só foi desfeito graças à complacência do velho general-presidente, que pediu calma ao fogoso prefeito, encostando a mão carinhosamente em seu rosto. Mas a conta viria depois. Paulo, que já começava a se preparar para disputar o governo do estado do Rio antes da fusão, foi cassado e teve os direitos políticos suspensos pelo triunvirato que assumiu o poder, quando da doença que acabou matando Costa e Silva.

Envolvido na agitação da política provinciana, eu levava uma vida muito boa. Alfredo Raymundo, diretor da Rádio Imperial de Petrópolis, e mais tarde, durante anos, superintendente da Rádio Tupi do Rio de Janeiro, me convidou para fazer um programa nas tardes de sábado. Criei, então, o *Superbacana*, título que extraí de uma composição de

Caetano Veloso que fazia muito sucesso: "Toda essa gente se engana, ou então finge que não vê que eu nasci para ser o superbacana..." Minha estreia nos meios de comunicação não abalou propriamente as estruturas da radiodifusão brasileira, mas ajudou muito nas paqueras na porta do D'Angelo, tradicionalíssima casa de salgados, doces e uisqueria da cidade, ponto de encontro da garotada da minha geração.

Foi nessa época que estive pela primeira vez nos Estados Unidos. Tratava-se de uma excursão turístico-educativa na qual, juntamente com uns 120 brasileiros, mais ou menos da mesma faixa etária (17 a 25 anos), fiz um belo curso de inglês na Universidade de Miami e me diverti como nunca. Nessa viagem, conheci e namorei Suzana, com quem me casei cinco anos mais tarde e por quem me mantenho apaixonado até hoje. Suzy e eu acabamos produzindo a Bebel, sem dúvida nenhuma a grande obra de nossas vidas. Na volta dos Estados Unidos, sem muita convicção, comecei a me preparar para ser advogado, enquanto continuava gozando as delícias da serra, agora acrescentadas às descidas ao Rio nos fins de semana para os jogos do Fluminense no Maracanã, para a praia e, principalmente, para os prazeres do namoro com a minha garota de Ipanema. A propósito, a vitória do meu tricolor por 3 x 2 sobre o Flamengo, na final do Campeonato Carioca de 1969, ficou registrada na minha memória como o momento síntese dessa felicidade.

O velho vivia uma fase mais tranquila na televisão, mas estava feliz. Comandava dois programas semanais: o *Um Instante, Maestro* de sempre, em que, para seu desgosto, não podia mais quebrar os discos, que a tecnologia tornara muito resistentes. Mesmo assim, ele, volta e meia, arranjava suas confusões. Um dia, acabou se envolvendo numa briga com o cantor e compositor Sérgio Ricardo. Pouco antes havia sido realizado o Festival da Canção, promovido pela TV Record de São Paulo, e Sérgio, ao apresentar sua música "Beto Bom de Bola", é praticamente impedido de cantar, sendo vaiado por uma plateia que assistia àqueles festivais musicais num clima apaixonado de Fla x Flu, ou Corinthians x Palmeiras, ou Grenal. Irritado, Sérgio quebra o violão e joga na audiência o que sobrou do instrumento. Foi um grande escândalo, que resultou numa engraçadíssima manchete de jornal: "Violada no auditório". Meu pai, então, convida Sérgio para ir ao *Um Instante, Maestro* e, depois de ouvi-lo cantar sua música, dá-lhe um tremendo esporro por conta de sua atitude no festival. Quando o programa terminou, Sérgio partiu para cima do velho, dando início a uma briga de socos e pontapés, que só acabou graças à providencial intervenção da turma do deixa-disso. Nesse dia, seu Flavio chegou em casa com olho roxo.

O segundo programa que meu pai comandava era *A Grande Chance*: um show de calouros de alto nível que ajudou a lançar talentos, como Alcione, Joana – cujo verdadeiro nome era Maria de Fátima –, Emílio Santiago, Marisa Rossi, Tobias, o radialista Luiz de França, Pedro Costa, entre muitos outros. Ali começou o sucesso do júri em programas de auditório. Júri que, logo depois, viraria presença obrigatória, pois todo produtor ou apresentador de programas queria ter o seu corpo de jurados particular, para palpitar sobre isso ou aquilo. Era tempo de se dar razão ao inesquecível Chacrinha, o Velho Guerreiro, que afirmava com muita graça: "Na televisão nada se cria, tudo se copia".

PROGRAMA FLAVIO CAVALCANTI

Logo após vivermos as emoções da Copa de 70, Antônio Lucena, superintendente da TV Tupi do Rio, chamou Flavio e lhe fez a proposta de juntar os dois programas do meio da semana em um só, aos domingos, das 18 às 22 horas. A TV Globo, então iniciando sua fantástica escalada de domínio da televisão brasileira, já apresentava um domingo muito forte, com Silvio Santos fazendo seu longuíssimo programa do meio-dia às 20 horas, seguido do Velho Guerreiro, com a anárquica e divertida *Discoteca do Chacrinha*, programa que, como dizia, "só acaba quando termina".

Lucena estava empolgado. Prometeu uma estrutura à parte da Tupi para viabilizar a produção do programa, falou do desafio de fazer o primeiro programa em rede nacional (a Embratel acabara de ligar todo o país por meio de satélite) e sugeriu o nome: *Programa Flavio Cavalcanti*. Nem preciso dizer que o velho topou na hora. Só havia um pequeno inconveniente: ele teria de se tornar empresário, também, para administrar os custos e receitas do programa. Papai olhou para um lado, olhou para o outro, e só achou uma pessoa a quem pudesse entregar o comando da empreitada: eu mesmo.

Eu estava às vésperas de fazer 20 anos. Entusiasmado com o desafio, tranquei o curso de Direito que começara a fazer na Universidade

Católica de Petrópolis e fui para o Rio morar sozinho, entrando de cabeça nesse mágico mundo da televisão, fazendo, desde o início, o que era preciso fazer, ou seja, um pouco de tudo. Na verdade, fiz tanto de tudo que, passados alguns anos, não sabia o que colocar no cartão de visita – apresentador, produtor, diretor, repórter, gerente comercial, administrador de empresa, produtor de disco ou qualquer outra coisa. É claro que eu não fazia bem a maioria dessas coisas – com destaque especial para apresentar programas, derrotado que sempre fui por uma cavalar timidez diante das câmeras.

De qualquer maneira, abandonei os frágeis sonhos de me tornar advogado e iniciei de fato minha vida profissional, cumprindo uma trajetória que me permitiu viver histórias fascinantes no charmoso, mas duro mundo do *show business*. Histórias com artistas e figuras extravagantes, e nas repetidas vezes em que essa trajetória se cruzou com o mundo da política, também cheio de "artistas" e figuras igualmente extravagantes, apenas de outra maneira, quase sempre sem a mesma graça ou com muito menos talento.

Tratamos de montar uma equipe excepcional para cuidar do novo programa: Eduardo Sidney, o Edu, era o diretor-geral; os produtores, José Mandarino, Antônio Belo, José Messias – um dos mais criativos homens de televisão que conheci –, Carlos Cruz e Oswaldo Miranda; os redatores Robertinho Silveira e o talentoso poeta e escritor de novelas de rádio Artidoro Ghiaroni. Na parte administrativa, Wilma e Gilda Müller se esforçavam para colocar um mínimo de ordem na zorra toda. E havia ainda o Francisco, seu Chico, nordestino que dormia nas calçadas da Urca. Engraçado, falante, cara de pau e outras qualidades do gênero fizeram com que papai o chamasse para ser o nosso *boy*, caseiro, quebra-galho, "aspone" etc. O baixinho Chico se desincumbia de suas tarefas com presteza admirável. Não havia desejo do seu Flavio, ou meu, que não fosse satisfeito imediatamente.

Seus métodos eram pouquíssimo ortodoxos. Em uma ocasião, chegou a arrancar o guarda-chuva de uma senhora que passava só para poder cobrir o velho, que saltava do carro naquele momento. Outra vez, quando papai comentou num fim de programa que gostaria de tomar um uísque para relaxar, Chico, ao ver que não havia a bebida no escritório, saiu à rua e logo voltou empunhando uma garrafa de Old Parr, copos e gelo.

Tomando nosso drinque, acabamos descobrindo que ele simplesmente invadira a casa do vizinho e sequestrara a garrafa, pois "seu Flavio estava muito necessitado de uma dose".

O *Programa Flavio Cavalcanti* começou arrasador. Era uma espécie de *talk show*, dividido em quadros muito diferentes, como "Flavio Confidencial" (entrevistas de impacto em que aparecia um pouco do antigo repórter de *Noite de Gala*); "MIT – Mercado Internacional de Talentos", que era como o programa *A Grande Chance,* porém mais sofisticado, e dava ao vencedor prêmios em dinheiro, gravação de disco e uma temporada de apresentações no Casino Estoril, em Portugal; "O Homem Mais Bonito do Brasil", quadro que marcou para sempre o garotão Pedrinho Aguinaga, que se transformou, sem querer, da noite para o dia, em símbolo sexual masculino. Havia, ainda, "Minha Turma é da Pesada", gincana que criava as mais absurdas tarefas; e o "Fora de Série", quadro que alcançou grande repercussão ao descobrir pessoas que faziam bem coisas fora do comum. Ali, de fato, havia de tudo, desde um sujeito que tocava o hino nacional francês, a Marselhesa, usando um serrote como instrumento, até um criativo inventor que descobriu uma maneira mais prática de matar formigas do que a chineladas. A ideia do cidadão era fazer uma trilha de açúcar até uma bacia contendo uma mistura de água e veneno, destino das pobres formigas. Havia, ainda, o "Eu Juro Que Vi", divertidíssimo quadro em que malucos de todos os níveis contavam fantásticas mentiras, como o caso de um participante que disse haver sido levado por marcianos, e outro que se orgulhava de matar onça a bofetão.

Artistas exclusivos do programa: Elis Regina, Wilson Simonal, Roberto Carlos, Chico Anysio, entre outros, cada qual fazendo uma apresentação mensal, o que nos garantia um grande nome toda semana. E, além disso, atrações internacionais, como Stevie Wonder, no auge do seu inesquecível "For once in my life"; Lucho Gatica, um chileno de voz macia, cantando boleros arrebatadores; Pedro Vargas, grande estrela mexicana; e a fadista Amália Rodrigues. Lembro que, após uma apresentação de Stevie, seu empresário informou que ele estava a fim de ir para a noite dançar e ouvir música. Levei-os à famosa boate Zum Zum, na Barata Ribeiro, de Sidney Regis, que eu frequentava quase todas as noites, e, junto com um monte de meninas lindas, *habitué*es da casa, dançamos até as quatro da matina.

Um rápido, mas importante parêntese. Nessa fase da minha vida, naturalmente, comecei a conviver diariamente com o pessoal do chamado meio artístico, e nunca vi nenhum deles consumir drogas. Não estou aqui querendo dar uma de ingênuo. Sei que alguns deles davam seus tapas ou suas cafungadas. Lennie Dale, por exemplo, fantástico bailarino e intérprete americano, chegou a ser preso e cumpriu pena por seu envolvimento com tóxicos. Tim Maia também já estava na área, pegando pesado e dizendo sempre que "não bebia, não fumava e não cheirava, apenas mentia um pouquinho". Agora, a turma com quem eu andava, como Dori Caymmi, Erlon Chaves, Wilson Simonal, Roberto Carlos, Chico Anysio, Elis Regina, Toquinho, Roberto Menescal, Miele ou, ainda, os produtores e diretores artísticos Eduardo Sidney, Ronaldo Bôscoli, Mazzola, Maurício Sherman, José Messias, Nilton Travesso, repito, só consumia – e bastante – uma droga: o velho e bom uísque escocês. Elis, a maior cantora brasileira de todos os tempos, na minha opinião, muitos anos mais tarde teve morte trágica por overdose de cocaína, mas, pelo que eu sei, na década de 1970 ela era tão careta quanto nós.

Voltando ao programa, os índices de audiência eram aguardados com uma expectativa de final de Copa do Mundo. Nas tardes de segunda-feira, por telefone, começávamos a aporrinhar o Paulo Montenegro, um dos fundadores do Ibope, atrás dos índices de audiência. Os números eram fornecidos em intervalos de quinze minutos, e o felizardo que estivesse ao telefone anotava e se divertia, sonegando as informações para a ávida plateia que o rodeava.

Vivemos momentos memoráveis nessa fase, como o show que gravamos e exibimos com Sara Vaughan e Simonal, numa inesquecível apresentação que fizeram no Theatro Municipal de São Paulo.

WILSON SIMONAL, UMA CARREIRA INTERROMPIDA

No início dos anos 1970, Simonal começa a dividir com Roberto Carlos o título de cantor mais popular do Brasil. Suas gravações de "Sá Marina", "País Tropical", "Nem Vem que Não Tem", "Vesti Azul" e dezenas de outras músicas vendiam como água e não saíam das rádios e televisões. Simonal arrastava multidões para os shows que fazia. Marcou época a apresentação num Maracanãzinho lotado, onde deveria "esquentar" o público para o show que viria a seguir, com Sergio Mendes e sua banda Brasil 66. O público, hipnotizado, simplesmente não queria deixar "Simona" sair do palco, fascinado pelo seu carisma e seu suingue. Sergio e sua banda finalmente assumem o palco, mas baixando o fervor ensandecido da plateia.

Por causa dessa popularidade, muito dinheiro começa a correr para os bolsos de Simonal, vindo de empresas patrocinadoras, como Rhodia e Shell, para as quais ele fazia seus comerciais. Dezenas de shows lotados espalhados por todo o país, programas de televisão, gravações, centenas de milhares de discos vendidos. De repente, no auge daquele sucesso e com a fortuna toda que estava ganhando, nosso artista se vê quebrado, com dívidas mirabolantes. O artista culpa seu chefe de escritório e o denuncia à polícia. Este se defende afirmando que Simonal é que havia torrado dinheiro irresponsavelmente e que ele, funcionário, havia sido torturado para confessar a culpa que não admitia ter. Nesse clima horroroso, surge um precursor de *fake news*, com a infame denúncia de que Simonal era dedo-duro, a serviço do regime militar. Não era! Mas isso demorou décadas para ser esclarecido. Foi por meio do livro de Nelson Motta, *Noites tropicais*, e do ótimo documentário que Claudio Manoel, Calvito Leal e Micael Langer fizeram sobre a trajetória de Simonal. Nós, Cavalcantis, demos toda a força possível a Simonal, fazendo questão de preservar nossa amizade e apoio, convencidos de que, se era meio porra-louca com a montanha de dinheiro que andava ganhando com shows e venda de discos, dedo-duro ele não era coisa nenhuma.

OS BASTIDORES DE UM SEQUESTRO

Notícia de grande impacto: sequestraram o cônsul do Brasil no Uruguai. Um movimento de esquerda, chamado Tupamaros, reivindicava o direito de transformar o país numa república democrática, nos mesmos moldes da que faz muito sucesso em Cuba, na Venezuela e na Bielorrússia, nos dias de hoje. Militares de lá, como os de cá, resistiam a essa ideia, por razões nem sempre as mais nobres, utilizando-se de meios quase sempre igualmente brutais. O fato é que o nosso cônsul, Aloysio Gomide, sumiu de circulação em Montevidéu, enquanto era noticiado que o pedido de resgate seria da ordem de um milhão de dólares, grana essa que nosso governo jamais cogitaria pagar.

Seu Flavio, que adorava uma confusão, resolve assumir o comando da campanha pelo resgate do nosso estimado compatriota. Abre uma conta bancária em nome da senhora Gomide e, com a ajuda de seus colegas da Rede Tupi, como Bibi Ferreira, Jota Silvestre e Cidinha Campos, usa o seu programa para encabeçar uma campanha de arrecadação do dinheiro necessário. Foi um deus nos acuda nos bastidores. Simplesmente nossas autoridades resolveram proibir tal campanha, pois era impensável para os militares negociar com os comunistas. O velho banca a parada e resolve prosseguir com a arrecadação. Enquanto os nossos generais decidiam se prendiam seu Flavio por insubordinação, o dinheiro ia entrando e as negociações de bastidores comandadas pela família de Aloysio Gomide avançavam. A campanha chegou a arrecadar perto de 200 mil dólares. Os Tupamaros entenderam que seria melhor isso do que um cadáver nas mãos e toparam libertar nosso patrício por essa quantia. Operação complicada, pois os voos para o Uruguai estavam fortemente vigiados pelos dois governos. Uma velha empregada da família Gomide é escalada, então, para ir de ônibus de Porto Alegre para Montevidéu, levando uma prosaica cesta de bananas, contendo no seu fundo a quantia arrecadada. A entrega do dinheiro foi feita assim que ela ultrapassou a fronteira brasileira, e o nosso cônsul foi devolvido logo depois. Os militares, que já havia muito tempo não viam como confiável aquele velho companheiro, definitivamente se convenceram de que fazia tempo que ele não era mais um deles.

UM FILHO EM MINHA VIDA

O auditório da Tupi era pequeno e ficava apinhado de gente. Entrada franca, respeitando a fila, a garotada comparecia em massa para assistir de perto à apresentação de seus ídolos e torcer na disputada gincana, o "Minha turma é da pesada". Isso ajudava a aumentar o calor e a vibração do programa.

Um dia, pouco antes do início, vejo na plateia uma menina que acena insistentemente para mim. Vou até ela e reconheço uma ex-colega de sala do Colégio Mallet Soares, do início dos anos 1960, Tânia Regina. Trocamos beijinhos de "olá, como vai?, que bom te ver por aqui!" e números de telefone. Rolou um clima e acabamos saindo umas três vezes para jantar e outras *cositas más*. Teria ficado nisso se, depois de meses sem nos vermos, ela não me aparecesse grávida, às vésperas de dar à luz um bebê que, se fosse homem, segundo ela, receberia o nome de Flavio Barbosa Cavalcanti Neto, o que acabou acontecendo. Ajudei o menino a crescer, bonito, saudável e inteligente. Ficamos amigos e confidentes, e ele, próximo da família que formei com a Suzy e nossa filha Isabel. Flavio Neto se formou em Direito e mora hoje em Manaus, onde o tio, recentemente falecido, tinha negócios que ele passou a administrar.

LÍDER DE AUDIÊNCIA!

Um dia, juntamos no mesmo programa o Pelé, Roberto Carlos e Chico Anysio, com o detalhe de que cada qual fez o papel do outro: Pelé cantou, Roberto contou piadas e Chico fez malabarismos com a bola. Em matéria de desempenho, nenhum deles chegou a impressionar, principalmente Roberto, contando piadas com sua proverbial timidez, mas a atração nos permitiu alcançar 72% de pico de audiência (dados do Rio de Janeiro). Um escândalo, que acabou virando capa da revista *Manchete* daquela semana.

Esse sucesso todo levava o velho, com o meu aplauso, a praticar uma distribuição que alguns só gostam de fazer com dinheiro alheio, presenteando com gordas gratificações o pessoal da equipe de produção, além de prêmios, na forma de viagens à Europa. Não nos arrependemos, mas a verdade é que esse dinheiro, tão generosamente doado, muito em breve nos faria terrível falta, quando a TV Tupi começou a deixar de pagar seus compromissos, iniciando o longo e doloroso processo de falência, que culminaria no seu fechamento oito anos depois.

Trabalhávamos muito, mas nos divertíamos mais ainda. Estive na inauguração do Disney World, em Orlando, na Flórida, fazendo uma matéria apresentando o parque monumental ao telespectador do programa. Conheci os bastidores do mundo da fantasia nascido do gênio de Walt Disney e fiquei deslumbrado com a tecnologia que estava por trás de tudo aquilo. Fui, também, assistir à última corrida da disputa do Campeonato de Fórmula 1 daquele ano, em outubro de 1972, quando Emerson Fittipaldi ganhou seu primeiro título mundial. Meu cunhado e quase irmão, Jarbinhas, era um apaixonado por automobilismo e, mais do que todos nós, vibrava muito com as vitórias de Emerson. Papai nos presenteou com uma viagem aos Estados Unidos para assistir à tal corrida, que seria em Watkins Glen, quase fronteira com o Canadá. Iríamos minha mana Marzinha, com seu marido, e eu.

CARLOS IMPERIAL, O TAL

Na véspera da viagem, eu estava jantando no restaurante de Alberico Campana, o "Monsieur Pujol" – nome que homenageava o francês conhecido como Le Pétomane, que, graças ao controle dos músculos abdominais, transformava a própria flatulência em instrumento musical –, quando apareceu a figuraça de Carlos Imperial, com seus quase 120 quilos, suas madeixas que iam até a metade das costas e seu comportamento sempre meio-tom acima; em síntese, o homem era uma performance teatral ambulante.

Imperial, naquele momento, ganhava muito dinheiro com produções de comédias para teatro, além de filmes, como *Um edifício chamado 200*, e fazia pornochanchadas no cinema. Insistia sempre para que eu participasse desses filmes, como coprodutor, coisa que nunca havia feito parte das minhas considerações. Pois o nosso Imperial, na conversa daquela noite, descobriu que eu estava viajando para os Estados Unidos e, imediatamente, se ofereceu para ir junto. Bastante constrangido, acabei tendo que topar, na esperança de que não houvesse tempo para ele tomar as providências necessárias, como passaporte, visto, reserva de hotéis, passagens etc.

Vã esperança. Qual não foi minha surpresa quando, no embarque, apareceu o homem, carregando apenas uma sacola das Casas da Banha como bagagem. A partir daí, os três Cavalcantis passaram a viver dias divertidíssimos, estrelados pelo nosso "carona". Já no voo da Varig para Nova York, com os quatro acomodados na classe turística, Imperial resolveu tentar um *upgrade*. Assim que o avião decolou, pediu à comissária para falar com o comandante, e lá foi ele. Minutos depois, abriu-se a cortina que separava as duas classes e ouviu-se o berro do artista: "Vamos lá, saiam dessa pobreza!". Satisfeitos, mas ao mesmo tempo encabulados pelo pequeno escândalo, percorremos o comprido corredor do Boeing 707 com destino ao paraíso, sob os olhares atravessados da "pobreza".

Ao chegar a Nova York, enfrentamos um pequeno problema. Na pressa com que foi preparada a viagem do nosso amigo, faltou lembrar que ele não teria quarto reservado nas cidades que visitaríamos, pois estava tudo lotado. Só que essa situação, que incomodaria a gente comum, era brincadeira para Imperial. Ele simplesmente se convidou para dormir no mesmo quarto que reservei. Engoli em seco, mas aceitei; afinal, o que são dez dias? Passamos um tempo em Nova York, antes de seguir para a cidade onde seria realizada a corrida de Fórmula 1. Durante o dia, não nos víamos muito, pois Imperial não queria fazer o programa convencional do turista de primeira viagem na capital do mundo – Metropolitan, Central Park, Empire State, Estátua da Liberdade, MoMA etc. O negócio dele era comprar. Principalmente equipamentos fotográficos para a sua agência, que produzia peças de teatro, shows e colunas publicadas nos jornais. Praticamente só nos encontrávamos no final do dia, para jantar, ir a um clube de jazz ou assistir a um musical. Ele falava sempre em nos separarmos do resto do grupo para irmos paquerar, mas eu, não que fosse um santo desinteressado do tema, temia a imprudência de nos metermos em lugares barra-pesada, numa Nova York, àquela altura, ainda muito violenta.

Após a corrida de Fórmula 1, frustrante, com a parada do nosso campeão na quarta volta por problemas com o carro, viajamos para Miami e fomos à Disney, lugares nos quais continuamos a rir muito com Imperial. Fizemos ainda um pequeno cruzeiro de fim de semana até a ilha de Nassau, nas Bahamas. O passeio de navio estava se tornando monótono, até que o senhor Imperial resolveu dar um jeito. Enrolou-se num enorme lençol e começou a desfilar pelo convés, usando por baixo apenas uma cueca. Imitava, ainda, sons que se assemelhavam ao árabe, enquanto eu ia cumprindo o modesto papel de secretário e intérprete de "Sua Majestade". A brincadeira contagiou o navio, e logo começou a se formar um pequeno séquito de súditos por onde passasse o nosso querido cara de pau. Na última noite, fomos convidados para jantar na mesa do comandante, à qual cumpri, com a seriedade devida, meu papel no espetáculo, traduzindo os sons guturais que ele emitia em volumes cada vez mais altos para uma plateia que não parava de gargalhar com sua deliciosa atuação. Detalhe interessante: Imperial era absolutamente careta, não encarava sequer uma dose de bebida alcoólica. Viciado em Coca-Cola, seu grande prazer era degustar de uma só vez dois ou três copos grandes, seguidos inevitavelmente por alguns arrotos – e, enquanto segurava sua enorme barriga com uma das mãos, a outra era estendida em nossa direção, num gesto que, provavelmente, queria dizer: "Me desculpe, mas não pude evitar".

Na volta ao Brasil, encontro meu velho conversando com Paulo Alberto Monteiro de Barros, que ficou mais conhecido pelo pseudônimo de Artur da Távola. Paulo Alberto, anos antes, jovem ainda, havia sido eleito deputado estadual, com a ajuda e o voto de Flavio Cavalcanti. Por sua cultura e entusiasmo, era uma excelente promessa de melhorar o nível da Assembleia Legislativa carioca. Foi com uma ponta de mágoa que o velho o viu assumindo imediatamente a liderança da oposição ao governo Carlos Lacerda, que, como já foi dito, era amigo de meu pai. Paulo Alberto enviou uma carta explicando sua posição; agradecia a ajuda, mas pedia licença para defender, em seu mandato, suas próprias ideias, acrescentando que eventuais divergências políticas não significavam desrespeito e, muito menos, que desejaria o fim da amizade que os unia. Papai, mesmo contrariado, teve ainda mais admiração e respeito por aquele político em início de carreira.

Em 1972, Paulo Alberto, depois de cassado e exilado, voltou ao Brasil e foi trabalhar numa pequena empresa de pesquisa econômica, chamada Índice Banco de Dados. Na empresa, juntamente com seus sócios Gentil Noronha e Ciro Kurtz, este também político cassado, teve a ideia de lançar um livro com as últimas informações disponíveis sobre nossa economia, e eles queriam que participássemos do projeto. Vivíamos naquele momento o que ficou conhecido como o milagre brasileiro, com o crescimento anual da economia na faixa dos dez por cento. O problema, como acontece até hoje, era a péssima distribuição de renda, que não acompanhava o nível de crescimento das empresas, das fábricas e do setor agropecuário, que acontecia em níveis espantosos. Mas faltavam dados claros sobre essa nova realidade, e o livro concebido por eles buscava preencher esse vazio. Lançamos, assim, o *Brasil em dados*, que chegou a vender 120 mil exemplares, número simplesmente impensável naquela época. Ganhamos todos um bom dinheiro com o projeto.

UMA INJUSTIÇA REPARADA

Ainda em 1972, Danuza Leão foi indicada por Eduardo Sidney para participar do júri do programa. Ela nos levou para conversar com seu ex-marido, Samuel Wainer, jornalista que alcançara grande sucesso durante o governo Vargas, de quem era amigo, e que acabou fundando o jornal *Última Hora*, veículo revolucionário para o jornalismo no país. Mas o que preciso contar é que havia uma história, absolutamente desprezível, que perseguia o meu velho, acusando-o de ter liderado o empastelamento do referido jornal, quando houve o golpe militar de 1964. Isso, na verdade, não havia ocorrido, não só porque jamais o velho teria feito uma besteira dessas, como também por uma questão de absoluta impossibilidade. Na hora em que alguns energúmenos invadiam a sede do *Última Hora* e a depredavam, papai estava ao vivo no ar, falando diretamente dos estúdios da TV Rio, cobrindo o andamento do movimento militar. Os acusadores sempre souberam disso, mas passaram anos atribuindo-lhe, quem sabe, o dom da ubiquidade.

A conversa com Samuel, no seu apartamento da Vieira Souto, começou tensa e cerimoniosa. Ele disse estar certo da participação do velho no ataque ao jornal, garantindo ter, em certa ocasião, visto uma foto do meu pai no meio da confusão, mas achava que, talvez, tivesse chegado a hora de colocar um ponto-final no incidente. Flavio Cavalcanti, vermelho de raiva, desafiou: "Samuel, me mostre essa foto e eu passarei a casa de Petrópolis, meu único bem material relevante, para o seu nome, mas, se a foto não aparecer, você nunca mais toca nesse assunto e vai trabalhar para desmentir essa calúnia que me persegue". E terminou, ainda vivamente emocionado: "Você tem o direito de não gostar de mim pelos meus defeitos e pode escolher um entre vários, mas inventar e manter uma história dessas por tantos anos é imperdoável".

O silêncio que se seguiu, que naquele instante pareceu de horas, foi um ótimo momento para olhar o velho e me encher de orgulho daquele sempre corajoso e sincero comunicador. Passado o constrangimento, num clima de deixa-disso, Samuel convidou-o para escrever uma página duas vezes por semana no *Última Hora*, convite aceito com um pedido: que Paulo Alberto, o Artur da Távola, fosse o editor. E assim foi feito.

Mais ou menos nessa época conheci André Midani, mago da produção de discos no Brasil, uma personalidade interessantíssima, que administrava a gravadora Phonogram com muito talento, garra e criatividade. Para se ter uma ideia, excluindo Roberto Carlos, que era da CBS, todos os demais cantores e compositores importantes da época eram artistas de Midani: Chico Buarque, Caetano Veloso, Gilberto Gil, Gal Costa, Maria Bethânia, Elis Regina, Jair Rodrigues, entre outros. Midani me propôs a criação de um selo para reproduzir em discos uma parte do segmento musical do programa. Nasceu ali o projeto "Dez Canções Medalha de Ouro", um quadro em que o velho prestigiava as melhores canções lançadas em cada ano.

A música popular brasileira vivia outro grande momento. Roberto Carlos lançava "Detalhes", "Jesus Cristo", "Proposta"; Elis gravava Tom, Vinicius de Moraes e Paulinho da Viola; Chico Buarque driblava a censura com sua "Construção" e outras músicas, assinadas com o pseudônimo Julinho da Adelaide, para fugir da perseguição da censura. Por isso, era um trabalhão escolher, no fim do ano, as dez melhores músicas entre tantas maravilhas. Cunhou-se uma medalha e fazíamos uma grande festa na noite de apresentação das premiadas no programa. Como havia muita verba, levávamos todos os intérpretes originais das músicas. Assim, Elis deveria apresentar "Águas de março", Roberto cantaria "Detalhes", Caymmi, sua deliciosa "Dona Chica", e assim por diante. A única ausência que o velho aceitava como inevitável era a de Chico Buarque, que, por divergências políticas, se recusava a participar do programa. De todo modo, Chico nunca foi muito de fazer televisão. Nós éramos companheiros de pelada, aos sábados, no campo que a Phonogram mantinha para seus artistas e produtores no Alto da Boa Vista, mas nunca chegamos a trocar mais que meia dúzia de palavras. Pena, pois tenho a maior admiração pela sua obra.

OPERAÇÃO "TRAZ O HOMEM"

Como eu disse, exceção feita a Chico, os intérpretes originais das canções escolhidas deveriam estar no palco do programa, participando da grande noite. No dia da apresentação, às duas da tarde, começavam os ensaios das dez canções. Era uma confusão, cada artista querendo escolher a hora mais conveniente para passar sua música. Os conjuntos de cada um precisavam ser montados e desmontados para a apresentação do próximo cantor – enfim, uma antessala de aparente caos, comum aos ensaios de programas do gênero, que só não enlouquece quem já está acostumado. Fui avisado por Toquinho que seu parceiro, Vinicius, tinha ficado em Salvador e não viria ao programa. Aparentemente, havia brigado com o seu "amor eterno enquanto dure" do momento, Gesse, e bebido demais, por isso acabou perdendo o voo para o Rio.

Não era nada muito grave, já que a linda "Tarde em Itapoã", a música homenageada, era cantada pela dupla, e Toquinho, com seu violão, talento e simpatia, daria conta do recado. Por volta das 15 horas recebi um telefonema do velho, que se preparava para descer de Petrópolis, perguntando como estavam indo as coisas. Depois de falar da maravilha do ensaio de Elis e de Roberto, e que naquele momento a Beth Carvalho estava passando a música "Construção", informei, como se não tivesse nenhuma importância, que Vinicius ia nos dar um bolo, mas que Toquinho defenderia "Tarde em Itapoã". Flavio Cavalcanti me disse apenas: "Olha, Flavinho, o programa está tão bonito, não desiste dele, não. Pare o que você está fazendo e tente trazer o Vinicius de qualquer maneira". E desligou o telefone. Desafiado, pedi ajuda a Eduardo Sidney, que se dava bem com Gesse; ele ligou e teve com ela uma boa conversa, até que a mulher concordou em colocar Vinicius em um avião, enquanto eu fechava, na outra linha, o frete de um táxi aéreo no trecho Salvador-Rio — a brincadeira custou uma pequena fortuna.

De todo modo, missão cumprida. Despacharam o poeta num jato, com um copo alto de uísque cheio até o topo e um carro esperando no Santos Dumont, e ele chegou à TV às 21h30, um pouco chumbado, é claro. Fiz um sinal para o meu velho, que estava no ar, mostrando, dos bastidores, Vinicius com o parceiro Toquinho, e ele me mandou um beijo de alegria. Vinicius cantou, recalibrou o copo já vazio e foi levado para um hotel em Copacabana no mesmo táxi que o havia trazido, para no dia seguinte voltar ao seu "o que que a baiana tem!".

Findo o programa, todos exaustos, como sempre, nos reunimos para comentários na sala do velho. Fui carinhosamente cumprimentado pelo desfecho dado ao caso e indagado sobre como havia operado o milagre. Contei, então, que havia fretado um jatinho particular para trazer Vinicius, enquanto Edu negociava com Gesse. O velho começou a sentir cheiro de dinheiro queimando, quis saber quanto havia custado e quem iria pagar a despesa. Respondi: "Nós mesmos".

Papai ficou vermelho, só que, em vez de explodir, abriu um sorriso enorme e me deu um daqueles grandes e inesquecíveis abraços. "Falou, filho, valeu! Você fez o que tinha que fazer". Meu Deus, que saudade!

Como estava dizendo, do quadro nasceu a ideia de fazermos um disco com as canções ali apresentadas. André Midani propôs que eu fosse a Paris conversar com o maestro Paul Mauriat sobre o projeto. Perguntou se eu falava francês e eu disse que não, mas se o maestro falasse inglês nós poderíamos nos entender. Parti em companhia de Eduardo Sidney e fizemos uma escala em Portugal, pois o voo era da TAP. Todos nós do programa éramos muito amigos de Joaquim de Carvalho, verdadeiro fidalgo português de boa cepa que, como diretor-geral da TAP no Brasil, melhorou radicalmente a imagem da empresa, que até então os gozadores de plantão chamavam de "Tamancos Aéreos Portugueses".

Joaquim patrocinou a parte aérea da ida até Paris. Convenceu-nos também a passarmos uns dias na santa terrinha. Nada de errado em darmos uma parada de uns dois dias em Lisboa, pelo contrário. O Hotel Tivoli, na Avenida da Liberdade, foi especialmente recomendado, pois, além de sua qualidade, tinha como diretor-geral um grande amigo do nosso Joaquim. Um bilhete seu, lacrado e endereçado ao tal sujeito, nos apresentava e pedia especial atenção aos amigos brasileiros. Animados, mas cansados, chegamos por volta das sete da manhã ao hotel e, depois de feitos os registros, indagamos pelo ilustre amigo de Joaquim. Fomos avisados de que somente por volta das 10 horas ele estaria por lá.

Depois de algum tempo fomos, Edu e eu, bater perna pela cidade, que visitávamos pela primeira vez. Por volta do meio-dia retornamos ao Tivoli, em busca da merecida sesta. Indagamos na recepção pelo tal diretor-geral, dizendo que precisávamos lhe entregar a correspondência de um amigo do Brasil. Um longo e escuro corredor nos levou ao escritório do cidadão, que nos recebeu cheio de mesuras e simpatia. Mostramos o cartão e seu impressionante lacre vermelho. Ao mesmo tempo que o lia, o diretor-geral cofiava o basto bigode e sorria, com ar de "já estou a entender tudo, seus marotos!". E disse, para nossa surpresa: "Estas não são horas de se tratar destes assuntos escabrosos, mas voltem ao cair da tarde, que degustaremos juntos um Porto dos bons e lhes mostrarei o que o safado do Quincas me pediu".

Cheios de curiosidade, resolvemos esticar a sesta, animados com a perspectiva de uma noite de ação e amores. Às seis e meia voltamos ao gabinete, usando paletó e gravata, como uma boa noitada europeia recomendava naquele tempo. Pois sim! As mesuras e simpatias aumentaram, desta vez acrescidas de um certo olhar safado. Fomos apresentados a um Porto realmente excepcional e, tomando o cuidado de trancar a porta de sua sala, nosso anfitrião abriu uma gaveta, usando um daqueles chaveiros que ficam permanentemente presos às calças por um cordão de ouro. Pegou, então, várias revistas e, com divisão matemática, entregou um bolo para cada um de nós.

Meio sem entender, começamos a folhear um festival de revistinhas pornográficas, a maioria delas sueca. A felicidade do homem era genuína.

Chamava a atenção para os detalhes mais escabrosos e nos autorizou, em nome da velha amizade com o Joaquim, a levar algumas revistas para o quarto. Com todo o cuidado para não magoá-lo, recusamos. Dessa maneira, após umas três doses do maravilhoso Porto e algumas dúzias de fotografias mostrando as mais incríveis surubas, nos despedimos e fomos jantar no formidável Tavares, onde comemos o bacalhau com natas de nossas vidas, enquanto ríamos e xingávamos o Joaquim.

Chegando ao aeroporto de Orly, encontramos um Jaguar último tipo e um rapaz nos esperando. Era *monsieur* Valentin Coupeau, secretário do maestro, avisando que sentia muitíssimo não podermos ir primeiro ao hotel para descansar daqueles voos "hor-ro-ro-sos", pois *monsieu*r Mauriat estava de partida, rumo à feira de discos de Cannes (o famoso Midem), por isso deveríamos ir imediatamente à sua residência para a reunião. Ora, alguém com 22 anos na cara, andando de Jaguar em Paris, não tem como se sentir cansado. Começamos, então, num inglês de tirar a rainha do sério, uma difícil negociação com Mauriat sobre a gravação do disco com as músicas brasileiras. O maestro ia ouvindo "Águas de março" de Tom, ou "Construção" de Chico, e dizia ser impossível gravar tais músicas, pois não se adaptavam ao estilo de sua orquestra, formada basicamente por violinos, que executavam arranjos bem melodiosos. Das dez, acabaram sobrando cinco, que Mauriat concordava em gravar, mas exigia a garantia de participação sobre a venda de, pelo menos, 80 mil discos. Eu não tinha ideia se isso era muito ou pouco, mas topei na hora.

Depois, Midani, por telefone, me disse que iríamos correr um risco, pois os discos do maestro raramente chegavam àquela marca de vendas no Brasil. Acabamos produzindo o disco com a orquestra de Mauriat de um lado e a Banda Veneno, do nosso Erlon Chaves, do outro, tocando aquelas músicas que o francês não quis gravar. Esse projeto me levou outras três vezes a Paris – veja que coisa mais desagradável –, pois acabei participando das gravações, acompanhando produtores que realmente entendiam do riscado, como os amigos Roberto Menescal, Marco Aurélio Mazzola e Armando Pittigliani. O disco foi lançado meses depois no nosso programa e chegou a vender mais de 130 mil cópias.

Erlon Chaves se tornara um grande amigo. Músico competente e sofisticado, rubro-negro e salgueirense de coração, nascido em São Paulo, incorporou-se à vida carioca, tornando-se um deles, com seu suingue e simpatia. Era dono de uma alma jazzística. Morri de inveja quando ele teve um rápido, mas tórrido romance com Vera Fischer. A deusa, que recentemente havia passado a faixa de Miss Brasil, começava a conquistar com seu talento e foco o espaço como atriz e, modéstia à parte, também participava do júri, iluminando o nosso programa.

Erlon adorava Suzy, minha namorada. Acabou sendo nosso padrinho de casamento e pensamos em fazê-lo padrinho da nossa filha, que estava a caminho. Durante a gravidez de Suzy, ele, que era estéril, resolveu adotar uma menina, pois estava casado – com uma moça ótima, Vera Gomes, a Verinha. Sonhávamos em ver nossos filhos crescendo juntos, herdando nossa amizade, coisa de românticos incuráveis. Erlon chegou a compor uma música para a filha que iria chegar, "Danielle", que está gravada no último disco da sua Banda Veneno. Não deu. Ele morreu quinze dias antes do nascimento da nossa Bebel, vítima de infarto fulminante, provocado, quem sabe, pela aguda tristeza que o invadira desde a prisão do seu compadre, Wilson Simonal, condenado naquele caso do contador de que já tratei algumas páginas antes.

ÀS VOLTAS COM A CENSURA

O programa continuava um sucesso, mas problemas com a censura perturbavam nossa paz, porque nem tudo é perfeito. O clima político em que vivíamos era muito pesado. Com o AI-5 ao seu lado, o governo mandava e, principalmente, desmandava, em tudo e em todos. Ou em quase todos. Leila Diniz, paixão e glória de toda uma geração, por exemplo, teve sua atuação suspensa pela censura na novela em que atuava, *O Sheik de Agadir*, na Globo. Sua presença, com o jeito atrevido e o charme que Deus lhe deu, gerava arrepios em algumas das virtuosas senhoras das autoridades da República. Além disso, ela havia dado uma entrevista ao jornal *Pasquim*, considerada "contrária à moral e aos bons costumes da família brasileira", cheia de palavrões, que para ela eram como vírgulas, tal a naturalidade com que os soltava.

A entrevista ficaria célebre. A capa trazia Leila de biquíni, ostentando um monumental barrigão de grávida. A entrevista, em si, a mostrava brincalhona e franca, sem grandes preocupações em respeitar a caretice da época, imposta pelo regime naqueles tempos de muita censura, e a mostrava linda e livre, falando da sua vida e do seu trabalho de atriz.

Eduardo Sidney levou Leila para conversar com o velho. Ele, imediatamente, como todo mundo, apaixonou-se por aquela menina-furacão e a convidou para participar do júri, com um cachezinho bem razoável. Foi um acontecimento público e um escândalo nos quartéis. Onde já se viu um homem sério e respeitado como o senhor Flavio Cavalcanti colocar uma desmiolada daquelas em seu programa?

Papai, vendo o medo estampado no rosto de Leila, convidou-a para passar um tempo na nossa casa de Petrópolis, convencido de que ninguém teria coragem de ir lá para pegá-la. Leila acabou morando conosco quase um mês, enquanto seu cunhado, o advogado Marcelo Cerqueira, tentava fazer com que as feras a deixassem em paz. Apesar das pressões, não mudamos nossa rotina. Uma noite, até fomos ver um show numa churrascaria na Tijuca, montado pelo José Messias, que comandava um espetáculo focado em samba e passistas, do mesmo tipo daquele que Oswaldo Sargentelli fazia com grande sucesso. A estada de Leila lá em casa foi um sucesso. Ela, com sua espontaneidade, enchia a casa de alegria, tendo logo sido liberada por minha mãe, Belinha, de se sentir obrigada a pedir desculpas para cada palavrão que lhe escapava.

Houve, ainda, o caso de Erlon Chaves, que, de repente, foi preso (na verdade, sequestrado) no palco da TV Tupi, permanecendo sumido por uma semana. O motivo: nosso maestro tinha acabado de participar do Festival Internacional da Canção, fazendo tremendo sucesso, defendendo uma composição que era uma grande brincadeira de Jorge Ben, chamada "Mocotó". A letra da primeira parte era muito interessante: "Eu quero mocotó! Eu quero mocotó! Eu quero mocotó!". Já a segunda parte era... Não importa. Mas Erlon fez um arranjo tão suingado – colocou três mulheres maravilhosas vestindo trajes sensuais para dançar e transformou a música numa performance – que apaixonou a plateia do Maracanãzinho.

No entanto, muita gente interpretou a coisa de outra maneira, vendo na letra e no arranjo sabe-se lá que intenções subversivas. Além do mais, também não faltou quem rosnasse pelos cantos contra Erlon, "esse negro abusado, que não conhece o seu lugar".

No domingo seguinte, o maestro estava ensaiando sua apresentação no programa, quando uma caminhonete sem placa parou na porta da Tupi. Dela saltaram quatro sujeitos que subiram ao palco em ritmo de marcha, o agarraram e levaram-no diante dos nossos olhos. Papai dá início a uma longa batalha para localizá-lo. Ele recorreu aos coronéis e generais que conhecia, entre eles o general Siseno Sarmento, comandante do 1º Exército, e a resposta era sempre a mesma: ninguém sabia de nada e, certamente, os militares nada tinham a ver com aquela história. O fato é que, ao cabo de uns seis dias, acabaram soltando Erlon, que nos disse ter ficado num quartel, dividindo a cela com o jurista Heleno Fragoso, um dos maiores advogados do Brasil. Nem sequer o interrogaram, mas felizmente também não o machucaram. Dá para imaginar o terror de quem passa por uma situação dessas.

O velho, havia muito tempo, já estava rompido com os governos do regime militar. As prisões arbitrárias, as notícias de tortura, a censura estúpida e retrógrada que proibia espetáculos, notícias e canções o afastaram definitivamente do movimento que apoiou no início. Ele, como tantos outros, teve a ingenuidade de esperar que uma nova eleição presidencial, como previsto na Constituição, seria realizada no ano seguinte. Dois candidatos fortíssimos estariam na disputa: Juscelino Kubitschek e Carlos Lacerda. Eu mesmo vivi meu dia de medo, que, claro, não se compara com os daqueles que foram presos, torturados e mortos. Mas o fato é que de repente sou chamado para uma conversa com um sujeito que, apesar dos trajes civis, se identificava como coronel e que queria que eu alertasse meu pai dos riscos que ele corria por não obedecer às ordens e proibições que o governo volta e meia lhe passava. O encontro deu-se numa lúgubre sala, em um prédio onde funcionava o "saudoso" Dops (Departamento de Ordem Política e Social), na Praça XV, no Rio. A sala era propositalmente mal iluminada, e o nosso soturno coronel escondia-se sob uma penumbra, usando, para aquele ambiente, um ridículo par de óculos escuros, falando muito baixo, lentamente, sobre os perigos da insubordinação de um comunicador que, afinal de contas, no passado recente havia se mostrado tão leal à causa da "revolução". Confesso que tive medo naquele momento, balbuciei algumas frases sem nexo, dizendo que iria transmitir a mensagem a seu Flavio, e saí tão logo me permitiu a sombria autoridade, com o coração batendo acelerado e cheio de raiva na alma.

A DESCONHECIDA FIGURA HUMANA DE FLAVIO CAVALCANTI

Um dia, tomando café no D'Angelo, aquela mesma casa que eu costumava frequentar em Petrópolis, seu Flavio vê, numa mesa próxima à sua, Adalgisa Nery, ex-deputada, cassada, e uma das personalidades femininas mais fortes da República entre os anos 1940 e 1950. Adalgisa era escritora e poetisa. Havia sido casada com o pintor Ismael Nery, de quem ficara viúva com menos de 30 anos, vivendo depois uma grande história de amor com Lourival Fontes, poderoso amigo e ministro de Propaganda do presidente Getúlio Vargas.

Papai e Adalgisa mal se falavam, cada um espremido no seu próprio mundo. Mas ali, naquele fim de tarde, no D'Angelo, os dois, sozinhos tomando café acompanhado das sempre bem-vindas torradas Petrópolis, não fazia sentido não se falarem. Papai dirigiu-se até ela, cumprimentou-a e perguntou se aceitava partilhar o café. Com o consentimento, o velho transferiu-se, com torradas e geleias, para sua mesa. A conversa, cerimoniosa no início, acabou tomando um rumo longo e ameno. Já estava escuro quando se levantaram, e Adalgisa disse que precisava tomar o ônibus até sua casa, no bairro da Independência, perto do famoso Hotel Quitandinha. É claro que o velho ofereceu carona e, no caminho, soube que ela morava sozinha, recebendo apenas as visitas dos filhos, vez ou outra. Nossa casa da serra era muito grande, tinha inclusive uma casa anexa, com quatro quartos, para os hóspedes eventuais. Pois bem, Adalgisa Nery aceita o convite do meu pai, com a silenciosa reprovação de minha mãe, e se muda lá para casa, onde terminaria um dos seus romances, *A Neblina*. Na dedicatória do livro ela deixa uma mensagem poderosa e verdadeira: "Para a desconhecida figura humana de Flavio Cavalcanti". Muitos anos depois, a jornalista Ana Callado escreve um livro contando a história de Adalgisa e, ao narrar esse episódio, apresenta meu pai como "aquele homem de televisão que, durante a Revolução de 1964, havia denunciado tanta gente". Escrevi para ela solicitando que mencionasse uma única pessoa, "das tantas", que meu velho havia denunciado. Não obtive resposta, aquela mesma não resposta que Simonal também recebeu quando o acusaram de dedo-duro: dedurou quem? Adalgisa Nery assistiu, morando com meus pais, ao meu casamento, em 1973, aos nascimentos e batizados dos netos, e só saiu da nossa casa de Petrópolis quando fomos obrigados a entregar o imóvel ao banco que detinha a hipoteca, no início de 1975.

A vida andava pesada para o meu velho. Ele iniciara um segundo programa semanal pela TV Tupi de São Paulo, às terças-feiras, chamado *Flavio Confidencial*. Era de produção mais modesta do que o da Rede no domingo, mas também possuía seu corpo de jurados, quadros musicais, críticas em geral e entrevistas. O programa dava bons pontos de audiência, mas, sobretudo, era comercialmente muito forte, com dezenas de anunciantes. Eu não participava da equipe paulista. Lea Penteado, assessora muito querida, é que o acompanhava. De qualquer modo a agenda andava pesada, e nos dias que sobravam ele se refugiava no paraíso do Caxambu, a casa de Petrópolis, junto com dona Belinha e minhas irmãs, a Marzinha, já casada e com seu primeiro filho, e a Fernanda. Com isso, a montagem do programa de domingo passou a ser conduzida pelo velho, por telefone. Era frequente que, aos sábados, a maior parte da equipe subisse a serra para discutir detalhes do programa do dia seguinte, reuniões seguidas de piscina e almoço, uma vez que o velho achava que momentos de confraternização e lazer ajudavam a manter o moral da tropa.

Eduardo Sidney acabou saindo da direção-geral, sem ter como recusar o convite/intimação que a Tupi lhe fez para assumir a direção artística geral da emissora. No seu lugar entrou Maurício Sherman, que permaneceu pouco tempo no posto, pois logo seria convidado para se transferir para a Globo, e finalmente, em seu lugar, assumiu Wilton Franco.

O programa tinha de tudo, distribuído em dezenas de quadros diferentes durante as suas quatro horas. Num clima de quase *happening*, desfilavam concursos, como "A Garota de Óculos Mais Bonita do Brasil", que nasceu quando meu pai ouviu de seu oftalmologista o problema que era para as meninas aceitarem usar óculos, pois consideravam que eles as enfeiavam. "O Homem Mais Bonito do Brasil", que Pedrinho Aguinaga venceu, para quebrar o tabu – ainda muito forte – de que beleza masculina não era coisa de macho. Tinha o "Meu Neto é uma Graça", com as vovós apresentando seus "bebês Johnson". O "Fora de Série", expressão que o programa popularizou, em que criativos de todos os tipos apresentavam seus talentos especiais. O "Minha Turma é da Pesada", gincana disputada por uma garotada esperta e competente, cumprindo tarefas que enchiam o palco de agito e diversão.

Os jurados, essa invenção do papai, participavam ativamente desses momentos, com suas opiniões, escolhas e na ajuda fundamental para compartilhar a cena e dar mais dinâmica ao programa. Havia um grupo fixo, composto por Sérgio Bittencourt, Humberto Reis, Márcia de Windsor, Erlon Chaves, Marisa Urban e a engraçadíssima figura do estilista Dener. Por lá passaram também outras dezenas de convidados especiais, como a já mencionada Leila Diniz, Ronaldo Bôscoli, o deputado Alvaro Valle, a cantora Maysa Matarazzo, Danuza Leão, Armando Pittigliani, o árbitro de futebol Armando Marques, Ricardo Cravo Albin, a deusa Vera Fisher, entre outros.

Cansou? Pois não acabou. Havia ainda o "Flavio Confidencial". Palco apagado, apenas um canhão de luz focado no apresentador, que deixava seu castelo, a estante de acrílico de onde reinava, e, sentado num banco de dois lugares no meio do palco, tendo ao seu lado o entrevistado da noite, discutia temas sérios. Poderia ser a história de um crime que estivesse bombando na mídia naquele instante, um ministro ou outra autoridade qualquer defendendo alguma ideia polêmica. Flavio voltava a ser repórter naqueles momentos.

Finalmente, e não menos importante, a parte musical era oferecida como a cereja do bolo. Todos os domingos, o palco era entregue por uns vinte minutos a uma grande atração. Uma vez por mês, portanto, por ali passavam Elis Regina, Wilson Simonal, Clara Nunes, Jair Rodrigues, o rei Roberto Carlos. Aqueles instantes incendiavam a plateia e faziam a audiência crescer, na forte disputa que mantínhamos com o Velho Guerreiro naquelas noites de domingo.

Em um desses programas, um canhão de luz ilumina o velho e uma entrevistada. Vem a pergunta: "Minha senhora, por que não volta para o seu marido?". Resposta: "Ora, seu *Fravio*, porque há muito tempo ele não dá mais no coro". A plateia, claro, riu muito, mas o riso me pareceu diferente, meio nervoso, como se prenunciasse algo estranho. Um pensamento me passou na hora pela cabeça: aquilo não ia acabar bem.

Ocorreu o seguinte: dias antes, havia saído uma reportagem no jornal *Estado de Minas* com a notícia de que um lavrador, semianalfabeto, bebendo mais do que devia, disputando uma roda de truco e perdendo seus trocados, resolvera apostar uma noitada com sua mulher, Rita, contra a grana do pedreiro João Almeida, casado e pai de quatro filhos. Gente correta que era, jogo perdido, aposta paga.

João e Rita se entenderam tão bem que o pobre do José não conseguiu mais a mulher de volta. Rita, por sua vez, cônscia de suas responsabilidades com o marido doente, estava disposta a cuidar dos dois homens. Mas, como o amor é coisa muito complicada, João, o amante arranjado, apaixonou-se por Rita e a queria só para ele. Resultado: no domingo, 14 de março de 1973, todos os personagens se encontravam no palco do *Programa Flavio Cavalcanti*, inclusive o delegado que presidia o inquérito.

Essa história assumiu na época ares de escândalo nacional, e papai acabou sendo convocado para comparecer ao Dops, temido braço da repressão dos governos militares. Combinei com o velho comparecer em seu lugar, até porque ele tinha que ir a São Paulo apresentar seu programa local. Lá um taciturno coronel me fez porta-voz de um esculacho que deveria repassar para o velho: que "era fundamental para a manutenção da moral e dos bons costumes, e para não comprometer os destinos do país, que seu Flavio Cavalcanti fosse exemplarmente punido pelo Departamento de Censura Federal. "Afinal", acrescentou ele, "já existem precedentes graves no mesmo programa do indigitado apresentador", acrescentando ainda que o caso do seu Sete da Lira não havia sido esquecido.

Essa frase refere-se ao fato de que semanas antes havíamos apresentado uma matéria com uma mãe de santo, dona Cacilda de Assis, que, ao som de batuques e com dança, entre baforadas de charutos baratos e litros de cachaça, que mais cuspia do que engolia, acabava incorporando o espírito de uma entidade, o seu Sete da Lira, ao qual se atribuíam poderes milagrosos. Por uma dessas coisas que ninguém explica direito nessa cidade novidadeira, seu Sete entrou na moda no Rio e seu terreiro suburbano acabou virando ponto de encontro de *socialites*, jogadores de futebol, artistas e outros menos votados. Matérias na imprensa popular da cidade exploravam diariamente o assunto, que começou, é claro, a fazer cócegas na cabeça da produção do programa. Após complicadíssimas negociações com a mãe de santo e com sua entidade, seu Sete, conseguimos a promessa de uma apresentação no nosso programa, em que ambos dariam seus famosos passes, beberiam litros de cachaça e sujariam com suas cusparadas o palco do antigo Cassino da Urca, onde eram realizados os programas.

A produção do Chacrinha também entrou na disputa por seu Sete, para levá-lo ao auditório do seu programa na Globo. Acabou em empate técnico, com ligeira vantagem para eles, pois seu Sete foi primeiro ao programa do Velho Guerreiro e só depois compareceu ao nosso. Isso num intervalo de quarenta minutos entre os dois. Conta a lenda que a mulher de uma poderosa autoridade da República, assistindo àquele espetáculo, ficou tão impressionada que teria entrado em transe, começou a dançar embalada pelo batuque daquele estranho e inebriante ritmo e a berrar alguns desaforos, jamais suspeitados pela ilustre linhagem a que pertencia Sua Senhoria.

Falando em Chacrinha, algum tempo depois tomei conhecimento do tamanho do estresse que nosso programa infligia ao Velho Guerreiro e sua família. Dona Florinda, mulher do apresentador, tinha como missão, aos domingos, assistir ao *Programa Flavio Cavalcanti* e anotar seus principais quadros e atrações para posterior análise da sua equipe. Mesma tarefa tinha minha mãe, Belinha, que de vez em quando mudava para a Globo para anotar quais atrações Chacrinha estava apresentando.

Um dia, Edson Leite, diretor da Rede Tupi à época, me convidou para ir com ele até a residência do Velho Guerreiro. Chacrinha havia tido um sério desentendimento com Boni, na Globo, e nossas *hostes* entraram no campo de batalha para trazê-lo para a Tupi. Meu papel era fazer a política da boa vizinhança, garantindo que papai ficaria muito contente em dividir o estrelato da emissora com ele. Chacrinha temia que meu velho, àquela altura o grande nome da Tupi, não visse com bons olhos a sua chegada à emissora. Cumpri essa função diplomática sem nenhum esforço, até porque seria um alívio escapar da concorrência direta com *A Discoteca do Chacrinha*.

A PUNIÇÃO DE FLAVIO

Oito semanas de suspensão. Essa foi a pena exemplar para exorcizar a cabeça das "otoridades", que não se conformavam que seu Flavio estivesse se sentindo importante demais, questionando frequentemente medidas do governo, exigindo explicações sobre providências não tomadas, tudo, julgavam eles, "com o claríssimo propósito de solapar as instituições nacionais". A oportunidade, de fato, não seria desperdiçada. "A Punição de Flavio Cavalcanti" foi matéria de capa da revista *Veja* na semana seguinte, com a foto do velho sendo cortada por uma tesoura. Começou, aí, um período muito difícil para nós.

Papai foi curtir sua justa fossa na Europa, enquanto nós, do escritório de produção, tocávamos o programa como podíamos. E podíamos bem pouco. Eu próprio passei a apresentar alguns quadros, demonstrando muita timidez e insegurança. Era ajudado pelos jurados: o jornalista e compositor Sérgio Bittencourt, o maestro Erlon Chaves, a atriz Márcia de Windsor, o locutor Humberto Reis, com sua voz de trovão, o costureiro Dener, com sua deliciosa frescura. Todo mundo, naturalmente, intimidado, com medo da própria sombra, pois a censura passou a ser brutal, a fim de evitar um possível revide do programa contra a punição imposta ao chefe.

De qualquer maneira, passada a sexta semana, ia chegando a hora de o velho retornar ao ar. Nós, da produção, começamos, com entusiasmo, a preparar o programa de reestreia. Resolvemos tentar dar um presente para ele, convidando Tom Jobim para uma participação especial. Tom, Sinatra, Elis e qualquer um da família Caymmi talvez fossem os únicos artistas pelos quais tanto eu quanto papai éramos igualmente apaixonados. Pedi ajuda a Dori Caymmi, que me levou num fim de tarde até a casa de Tom, na Rua Codajás, no final do Leblon. Nunca vou me esquecer de que assisti ao nosso maestro maior tocando, no piano, a música que compunha no momento. Era "Lígia". "Eu nunca sonhei com você, nunca fui ao cinema, não gosto de samba, não vou a Ipanema..." É, meus caros, eu juro que vi Tom finalizando outra joia do seu imenso e formidável repertório. Ele aceitou o convite, após perguntar com algum constrangimento se haveria um caramínguá. Respondi "claro que sim", oferecendo-lhe o mesmo cachê que pagávamos a Roberto Carlos. Ele achou justo. Exigiu, apenas, que conseguíssemos emprestado o piano do Theatro Municipal do Rio de Janeiro, porque suspeitava, e devia ter razão, de que o da TV Tupi devia estar bem maltratado, sem a manutenção devida. Tom ainda iniciou uma longa conversa comigo sobre literatura, logo eu, que naquele tempo só havia lido dois ou três Jorge Amado e dois Machado de Assis (*Dom Casmurro* e *Memórias Póstumas de Brás Cubas*), além da trilogia *O Tempo e o Vento*, de Erico Verissimo. Mas Tom queria falar sobre Guimarães Rosa, cuja obra, que adentra o universo mágico dos sertões de Minas, levei anos para desvendar. Acabei ganhando *Sagarana* de presente, com uma carinhosa dedicatória do nosso mestre.

O programa com seu Flavio voltou ao ar, e a vida ia dando sinais de que também voltaria ao normal, não fosse um pequenino problema: o dinheiro começou a nos mandar recados de que não nascia em árvore, o que até então ainda não nos havia ocorrido. Os gastos de produção ficavam cada vez mais elevados para enfrentarmos a firme disposição da TV Globo em conquistar a liderança do horário. A TV Tupi começou a ter sérios problemas de caixa, aumentando os atrasos costumeiros nos pagamentos de uma semana ou dez dias para dois ou três meses. Mas a ficha custou a cair, e continuávamos assumindo compromissos. O empresário Marcos Lázaro apresentou uma proposta salvadora, mas caríssima. Ele propunha bancar o custo de produção do programa, desde que adicionássemos uma taxa de administração de quinze por cento. Não tínhamos outra saída e seguíamos, alegremente, tocando o barco.

Naquela altura, fui me metendo no mundo da publicidade, a fim de arrumar recursos para os shows, que não podíamos bancar. Sérgio Carvalho, do Banco Andrade Arnaud, era um bom parceiro, assim como o pessoal da Piraquê, com Victor Berbara, que patrocinava quadros do programa. Washington Alves de Souza, do Ponto Frio, e Alírio Góes, da Skol, eram alguns dos que nos permitiam manter o fôlego para conseguir contratar uma atração de peso para a semana seguinte. Alírio, por sinal, era uma figura interessantíssima. Ex-oficial da Marinha, além de professor de Matemática e especialista em marketing, foi, certamente, o cliente mais exigente e difícil de lidar que enfrentei em toda a minha vida. Outro parceiro foi João Doria Jr., quando presidia a Embratur, mas isso muito mais tarde.

Alírio, da Skol, estava revolucionando o mercado de cerveja com o lançamento da lata, tendo que enfrentar as poderosas Antarctica e Brahma, naqueles velhos tempos em que as duas marcas eram concorrentes de verdade. Jogava todo o seu cacife nesse projeto, e qualquer erro significaria um prejuízo significativo. O fato é que não parava diretor de conta na agência de publicidade Standard para atender o bicho-papão. Erlon e eu acabamos nos tornando amigos de Alírio e, por trás das dificuldades no trato profissional, viemos a ter uma convivência bem rica. Aprendi muito com ele, além de vivermos juntos ótimas histórias. Uma delas envolveu Éder Jofre, o maior boxeador brasileiro de todos os tempos, que acabara de reconquistar o título de campeão mundial, dessa vez na categoria pena (ele havia sido campeão dos galos, mas seu peso aumentara e, portanto, a categoria também).

Marcos Lázaro propôs que transmitíssemos, com exclusividade, uma luta entre Éder e um peruano, em Salvador. O preço era alto, como sempre, mas a ideia de transmitir uma luta dentro do programa era muito boa. Fui ao Alírio vender o patrocínio. Com seu pragmatismo, ele acabou me dando um nó: "Flavinho, você está me oferecendo um comercial de 30 segundos em cada intervalo de uma luta em que estão previstos 12 assaltos. O que acontecerá se o Éder derrubar o sujeito nos três primeiros *rounds*? Eu vou perder um monte de inserções?".

Fui consultar o Marcos, que me tranquilizou: Éder não via como derrubar o adversário antes do sétimo assalto, pois necessitaria de um tempo para ir minando as forças do adversário. Fiz, então, um contrato de risco com a Skol (verbal mesmo, pois era assim que as coisas funcionavam), garantindo pelo menos cinco inserções dos comerciais; menos que isso, Alírio só pagaria metade do valor acertado. Não, não se tratava de marmelada, veja bem. Éder sempre foi um sujeito superdecente. O que havia era uma impossibilidade técnica e física, na visão do nosso lutador, de acabar logo com a luta. Com tudo acertado, fui para Salvador cobrir o grande evento. Começou a luta e, no segundo assalto, Éder recebeu um golpe tão violento que quase caiu, sendo literalmente salvo pelo gongo. No início do terceiro *round*, ele partiu para cima do peruano, à moda Mike Tyson dos bons tempos, e derrubou o sujeito. No vestiário, vendo minha cara de tristeza pelo precipitado desfecho da luta, Éder disse, calmamente: "Olha, Flavinho, se eu não partisse para cima do cara, quem acabaria caindo era eu". Alírio acabou pagando tudo, satisfeito com a repercussão do evento.

O INÍCIO DO FIM

Por uma série de razões, o programa começava a perder audiência. As dificuldades financeiras – pelos atrasos cada vez maiores dos pagamentos que a Rede Tupi, já quase sem recursos, era levada a fazer – nos sufocavam. Por outro lado, os investimentos da Globo, lançando programas como *Só o Amor Constrói*, meio chato, mas de apelo popular, e, finalmente, o *Fantástico*, esse mesmo que continua por aí até hoje, começavam a dar resultados. A Rede Tupi se tornava cada dia mais confusa. Havia o diretor-geral do dia, aquele que iria resolver todos os problemas, até ser substituído no dia seguinte por outra fera em administração. Meu velho tinha muito carinho pela casa, mas chamava os Diários Associados de o grupo mais desassociado que existia. Edmundo Monteiro, *capo* de São Paulo, não se dava com João Calmon, *capo* do Rio, que estava brigado com Camilo Teixeira da Costa, *capo* de Minas Gerais, e por aí vai. Uma tremenda zorra. Como em toda crise, as relações foram se deteriorando, e o rompimento acabou sendo inevitável. Com armas e bagagens, em setembro de 1973 nos mudamos para uma assombração: a TV Rio, Canal 13.

Aquela velha emissora do *Noite de Gala* do final dos anos 1950 e de muitos outros espetáculos que marcaram época, entretanto, já não era mais a mesma. Depois de brilhar na Avenida Atlântica, acabou escondida num prédio inacabado nos costados do Morro do Pavãozinho, em Ipanema. A TV Rio fazia parte da rede liderada pela Record, de São Paulo, também ela própria, naquela época, quase outra ficção, contando ainda com a participação acionária de uns padres do Rio Grande do Sul. Surrealismo, mas fomos para lá, mesmo porque não havia alternativa melhor. As condições técnicas eram ruins, e a falta de canal de geração para os estados nos obrigou a passar a gravar o programa às sextas-feiras, coisa que o velho odiava. Ele sempre preferiu a espontaneidade de estar ao vivo.

EMOÇÃO NO PALCO

Foi nessa época que conheci o Nilton Travesso, um dos mais importantes diretores de televisão de São Paulo, que comandara, na fase áurea da Record, programas como *Jovem Guarda*, com o rei Roberto Carlos, *O Fino da Bossa*, com Elis Regina e Jair Rodrigues, e o famoso *Show do Dia 7*, programa mensal que simplesmente parava a capital paulista. Nilton foi indicado pela Record para dirigir o *Programa Flavio Cavalcanti*. Seu estilo sóbrio, bom gosto, educação e simpatia permitiram que a dura experiência nos trouxesse momentos de grande prazer e emoção.

Para a estreia, Marcos Lázaro ainda nos cedeu Roberto Carlos, sempre uma garantia de audiência. Não pagamos nada, foi na base do amor mesmo. No entanto, o melhor momento do primeiro programa foi a participação de Geraldo Vandré, que havia voltado de um duro e prolongado exílio. Consultamos a Censura, claro, tínhamos que fazer isso, e nos foi dito que, desde que ele não cantasse "Pra não dizer que não falei das flores", que continuava proibida, e que não fosse entrevistado, estaria tudo certo, Vandré poderia se apresentar.

Papai inventou, então, uma maneira ótima de apresentá-lo. Chamamos Jair Rodrigues ao programa, mas não o avisamos de que Vandré estaria por lá. Na hora da gravação, seu Flavio, depois de Jair cantar duas canções entre aquelas que trabalhava no momento, pediu que cantasse uma das músicas mais marcantes de sua carreira, "Disparada", que, anos antes, havia dividido o primeiro lugar do Festival da Record com "A Banda", de Chico Buarque. Jair acertou na hora o tom com o eterno e grande músico Caçulinha e seu conjunto e atacou: "Prepare o seu coração, para as coisas que eu vou contar, eu venho lá do sertão...."

Nesse momento, Vandré foi entrando no palco, por trás de Jair, sem ser reconhecido pelas pessoas do auditório. Vandré bateu no ombro dele, que tomou o maior susto, deixou cair o microfone e deu um enorme abraço no companheiro, que não via havia anos. Foram dois ou três minutos de pura emoção. Aqueles momentos milagrosos que, para os que fazem televisão, como nós, nos deixam em estado de puro êxtase. Em seguida, cada um pegou seu microfone e, com uma garra temperada com a raiva e desafiando aqueles que o mantiveram no exílio durante tanto tempo, Vandré e seu mais famoso intérprete, Jair Rodrigues, cantaram a melhor "Disparada" de suas vidas.

Cabe aqui uma pequena pausa, pois acho que vale a pena um comentário sobre esse tipo de quadro, montado pelo velho com a explícita intenção de emocionar seus telespectadores. Flavio, durante praticamente todos os seus trinta anos como repórter e apresentador de programas de televisão, várias vezes foi acusado de cascateiro. As pessoas que não gostavam dele – e era fácil não gostar do homem polêmico que sempre foi – acusavam-no de armar situações para forçar uma lágrima, ou, simplesmente, usar golpes baixos para aprisionar o público em frente à telinha. É óbvio, no caso daquela entrevista com Tenório, se ele fosse combinar antes com o deputado a raspagem da sua barba, a entrevista não teria ocorrido. Como me parece óbvio também que, no caso do encontro de Vandré com Jair, o clima que se conseguiu só foi possível porque nada havia sido combinado. Aquele abraço, dado no palco, não poderia ter acontecido se os dois artistas tivessem se encontrado nos bastidores antes e ensaiado os respectivos números.

Voltando ao dia daquela gravação, chegamos às onze e meia da noite. Havíamos começado os preparativos para o programa às nove da manhã. Exaustos, nos despedimos do papai, que subiria direto para Petrópolis, enquanto Nilton e eu ficávamos para editar o programa. Entrou, então, na sala de edição, o censor de plantão, que devia estar presente em todas as gravações de Flavio, e informou que havia resolvido cortar o número de Vandré com Jair. Motivo: o quadro havia ficado bonito demais, a plateia ovacionou demais, o senhor Flavio elogiou demais o compositor, tudo numa clara intenção de transformá-lo em herói. Foi um custo convencer o censor a ligar para o seu superior. Mas, ao fazer isso, ele começou a expor sua dúvida hamletiana sobre proibir ou não tão "subversiva" apresentação. Para nossa perplexidade, o homem disse ao chefe que "o apresentador Flavio Cavalcanti, só para provocar o governo, em vez de usar seu tradicional *smoking*, usava na gravação um terno bege com uma berrante camisa vermelha". Diante de tão contundentes provas das pérfidas intenções do programa, o maravilhoso quadro nunca foi ao ar, privando o público de um momento único na televisão.

DINHEIRO CURTO, TEMPOS DIFÍCEIS

Nossa temporada na TV Rio foi curta, nem chegou ao quarto mês. Não havia dinheiro nem condições técnicas. Da época, ficou apenas a saudade do convívio semanal com o diretor do programa com que a Record nos presenteou, Nilton Travesso, e sua mulher, Marilu, ambos convidados para serem padrinhos do meu casamento, que aconteceria em novembro.

Lua de mel dos sonhos, com viagem pelos Estados Unidos, um presentaço dos amigos de uma agência de turismo portuguesa. Em Los Angeles, visitamos Nanato, filho de Chacrinha, que havia sofrido um acidente trágico numa piscina, ficou paraplégico e estava fazendo tratamento em um centro de recuperação nessa cidade. Nanato era noivo da "tremendona" Wanderléa, que havia largado a carreira para acompanhar o tratamento do noivo. De lá, ligamos para o meu velho, a fim de saber das novidades. Ele, muito nervoso, pediu que eu antecipasse o regresso, pois havia iniciado conversas para voltar à Tupi. Fiquei chocado, pois todos sabíamos que a rede, em razão do seu gigantesco endividamento, estava às vésperas de ser fechada pelo governo. De qualquer modo, Suzy e eu pegamos o avião no dia seguinte e fui participar das negociações.

Conheci, naquelas circunstâncias, o dr. Paulo Cabral de Araújo, um dos condôminos dos Diários Associados, que tentava desesperadamente evitar o naufrágio do barco. Depois de horas de discussões, fechamos um contrato que, mesmo longe do ideal, viabilizava o retorno à frente das câmeras, única maneira que o velho se permitia ganhar a vida. Além disso, a Tupi acabou reconhecendo sua dívida para conosco de, aproximadamente, dois milhões de dólares que, se hoje é muito dinheiro, em 1974 era uma grande fortuna. Detalhe importante: todo esse dinheiro não era só do velho; nós fomos obrigados a criar um gigantesco passivo, para pagar todos os custos da produção e os salários da equipe, que era muito grande. Agora, entre reconhecer uma dívida e saldá-la, há uma distância enorme. Recebemos, na verdade, 36 promissórias que começariam a vencer um ano mais tarde, sem juros. Negócio da China, como se pode notar. Mas, como dizem os ingleses, gato com fome come até farofa de alfinete.

De qualquer maneira, ficou acertado que, daquela vez, o programa seria feito em São Paulo. Finalmente, os Associados haviam caído na real e resolvido centralizar as suas produções, o que provocaria uma óbvia redução de custos. Na verdade, o sonho já havia acabado. Os programas eram pobres, em razão da generalizada falta de recursos. A Globo, com seu profissionalismo, liderada por Walter Clark e Boni, cada vez mais consolidava o seu primeiro lugar. Nilton Travesso, que naquele tempo dirigia o *Fantástico*, tentou levar meu velho para lá, mas Boni, por motivos que nunca ficaram claros para mim, não quis.

Suzana passou sua gravidez praticamente sozinha, pois eu ficava a maior parte do tempo em São Paulo, hospedado no Hotel San Raphael, no Largo do Arouche, centro da cidade. O dinheiro, cada vez mais curto, obrigava o velho e o bom seu Aldemir, meu sogro, a darem uma força para o pagamento das contas de luz e telefone, que por diversas vezes chegaram a ser cortadas. Mesmo a renovação dos estoques da despensa e do conteúdo da geladeira era feita graças à sua ajuda. Era uma situação terrível para mim, mas eu não conseguia enxergar uma saída.

No fim do ano, pouco antes do nascimento de Isabel, decidimos parar com o programa. Como não recebíamos, acabávamos pagando para trabalhar, tendo de arcar com os custos da nossa estada em São Paulo. Rescindimos mais uma vez o contrato, e o velho pensou que encerrava ali, com muita tristeza na alma, seu caso de amor de vinte anos com a Tupi. Emissora pioneira do Brasil, fundada pelo gênio de Assis Chateaubriand, homem superlativo tanto nas qualidades quanto nos defeitos. A estupenda biografia escrita por Fernando Morais está aí, que não me deixa mentir. Anos depois, em 1980, o governo federal baixaria um decreto declarando peremptas as concessões das emissoras de televisão dos Diários Associados. Ou seja, os contratos de concessão, já vencidos, não seriam renovados. Adeus, Tupi. Mas seu Flavio não sabia que teria ainda uma última oportunidade para um adeus definitivo.

Ainda estávamos no início de 1975 e papai se exilou em Petrópolis, enquanto eu, no Rio, ficava à espera não sei de quê. As promissórias da Tupi começaram a vencer, e, como prevíramos, não conseguimos receber nada. Protestar os títulos nos levaria a uma ação de execução de longuíssima duração. Um conhecido muito próximo nos propôs descontar as famigeradas notas num banco *muy amigo*, desde que um dos seus diretores recebesse uma modesta comissão de cinco por cento. Ou vocês pensam que corrupção só existe em órgãos públicos? Não tínhamos outra saída. Para motivar ainda mais tão generosa e nobre criatura, seria bom antecipar parte da grana. Raspando o fundo do tacho, enviamos o dinheiro para o sujeito. Estamos esperando até hoje o desconto dos nossos títulos. Tudo fora um mal-entendido. O mais desagradável foi que, infelizmente, o nosso escasso dinheirinho, enviado na frente, não poderia ser devolvido.

SUCESSO E FRACASSO NA NOITE

Naquele ano apareceu, de repente em nossas vidas, um grupo de espanhóis, os mesmos que, anos depois, ficariam tristemente famosos. Eram os proprietários do Bateau Mouche, embarcação que afundou na Baía de Guanabara no *Réveillon* de 1988, matando muita gente. Essa turma, da qual faziam parte Chico Recarey, Pedro Gonzalez, entre outras pessoas, era sócia de uma dezena de botequins, restaurantes e casas noturnas no Rio. Ofereceram ao papai uma boate, toda montada, que estava fechada. Compramos o ponto e pagamos, acreditem, com uma boa parte das famosas promissórias da Tupi. Achávamos que seria um bom negócio trocar aqueles títulos de dificílima liquidez por um espaço que poderia render bom dinheiro, além de, se necessário, ser mais fácil passar adiante no futuro.

A ideia era boa, mas o problema é que eu e o velho não entendíamos nada de vida noturna. Desfrutá-la como lazer eventual é uma delícia, mas encará-la no dia a dia, ainda mais profissionalmente, nunca havia feito parte dos nossos planos. Além disso, se montar os shows era relativamente fácil, pois era o que sabíamos fazer desde sempre, não tínhamos o menor jeito para cuidar de garçons, cozinheiros, qualidade e controle de estoques de comida e bebida e outros detalhes que não poderiam ser ignorados por alguém do ramo.

De qualquer maneira, em maio de 1975 nasceu o "Preto 22". O nome era inspirado no jogo de roleta, pois era a sensação que os dois Cavalcantis tinham – de estar jogando roleta –, e o número era relativo ao endereço da casa, Rua Visconde de Pirajá, 22, em Ipanema. A apoteótica inauguração, realizada com a ajuda competente da *promoter* Anna Maria Tornaghi, reuniu o que os colunistas sociais chamam de *tout le monde* da cidade. A parte artística da casa atendia nossas ambições hollywoodianas. Para diretor musical, tínhamos o talento de Dori Caymmi, meu amigo e colega de sofrimento tricolor. A música, ao vivo, era comandada pelo talento do Maestro Cipó. Como cantores, nada mais, nada menos do que Alcione, Fafá de Belém, Joana, Emílio Santiago. Havia humor, também, com Chico Anysio, que não cobrou cachê, para nos dar uma força. Por ali passaram, ainda, Berta Loran, Agildo Ribeiro, Rogéria, Costinha, Ivon Cury, entre outros. O Preto 22 transformou-se rapidamente na casa noturna mais badalada do Rio, com lotação esgotada todos os fins de semana. Se artisticamente tudo corria bem, pequenos problemas nos sinalizavam que na parte administrativa as coisas iam mal. Mas quem quer saber de pequenos problemas, principalmente os administrativos?

Como eu fechava o caixa da boate todos os dias e levava o dinheiro para casa, meus horários eram os mais disparatados possíveis. Acordava ao meio-dia, ia para o escritório ver os contratos dos artistas, acompanhar as compras etc. Às seis da tarde voltava para casa, às vezes dormia mais um pouco, e às nove da noite chegava ao Preto 22 para receber os clientes e ficar de olho no andamento das coisas. Um dia, acordei com o telefonema de uma delegacia para que eu fosse prestar depoimento sobre a briga de faca que havia ocorrido entre um ajudante de cozinha e um garçom. Noutro dia, sumiram uns quarenta quilos de filé-mignon. Clientes reclamavam de contas absurdas, cobradas "por engano" pelos garçons, quase sempre com a conivência do *maître*. Numa casa desse tipo, se você não contar com um bom gerente e que conheça os macetes do negócio, será roubado de todo jeito. As pessoas tratam os patrões com muita simpatia, mas vão levando carnes, peixes e camarões, enrolados em sacos plásticos, colocados no fundo das latas de lixo. O uísque é batizado por "cumins nas *gambuzas*". Pelo menos, aprendi o significado dessas duas palavras. Cumim: ajudante de garçom, que em algumas casas noturnas também fica responsável pela guarda das bebidas. *Gambuza*, palavra de origem espanhola, é um espaço junto à cozinha que serve de depósito de bebidas e demais itens que serão manipulados durante o funcionamento da casa noturna ou restaurante.

A grande alegria que havia naqueles dias, além de acompanhar as primeiras gracinhas da minha filha recém-nascida, era proporcionada pelo Fluminense. Francisco Horta, meu primo muito querido, havia acabado de assumir a presidência do clube e feito investimentos nunca vistos. Rivelino, Paulo Cézar Lima, Doval, Dirceu, Carlos Alberto (o Capita) e outros nos deram um bicampeonato carioca (1975 e 1976) e nos levaram a disputar duas semifinais seguidas do Brasileirão. Eu ajudava o clube no que podia. Vivemos grandes momentos com a máquina que o Horta montou.

TRAGÉDIA E BOATO NO CAXAMBU

Dois meninos ainda habitavam a amada casa da Rua Flavio Cavalcanti, no bairro do Caxambu, no final dos anos 1970: Washington, então já um adolescente, que em 1964 havia se tornado nosso irmão de criação, e José Francisco, o Zezinho, sobrinho de Maria do Carmo, nossa funcionária da vida toda. Numa tarde muito fria de inverno, ele se fechou num dos banheiros da casa para tomar seu banho, e o aquecedor, com defeito, vaza o gás. A tragédia aconteceu. Perdemos o Zezinho, com apenas 11 anos de idade.

Desnecessário falar sobre a dor e a perplexidade que se abateram sobre as famílias Cavalcanti e do Carmo. Eu não estava lá, mas Marzinha me contou que papai ficou tão desesperado que se agarrou ao corpo do menino e, entre berros e choro, começou a massagear seu coração, numa inútil tentativa de reanimá-lo. A perícia apenas confirmou o que já imaginávamos: a conexão entre o botijão de gás, que ficava do lado de fora da casa, e o aquecedor propriamente dito tinha um pequeno vazamento, do qual a chaminé do aparelho não deu conta.

Essa história, já suficientemente trágica e dolorosa, acabou gerando outra, absolutamente inverídica, que comoveu milhares de pessoas que dela tiveram conhecimento. Gente que dizia conhecer alguém muito íntimo da casa passou a espalhar que seu Flavio, brincando com um dos seus netos, jogou a criança para o ar e, ao recolhê-la de volta aos seus braços, se atrapalhou, o bebê escapou das suas mãos, escorregou e bateu com a cabeça no chão, vindo a falecer. Como consequência, papai estaria internado numa clínica psiquiátrica passando por uma profunda sonoterapia, para se reequilibrar. Graças a Deus, essa segunda tragédia não ocorreu; foi inventada por alguma mente doente e criminosa. Minha avó, com seus quase 90 anos, foi surpreendida com essa história por meio do telefonema de uma conhecida, passou mal e teve de ser medicada com uma dose forte de remédios tranquilizantes. Eu, na época, começara a trabalhar na *Manchete*, e Oscar Bloch me chamou à sua sala para, com cara de horror, hipotecar solidariedade e me liberar do trabalho para que pudesse ficar em casa dando assistência aos meus pais. Disse a ele que era tudo mentira. Oscar, então, nervoso, manda ligar para o amigo que lhe havia contado a absurda história para dar uma descompostura por espalhar tão horrível boato.

VIDA QUE SEGUE...

Após quase um ano de funcionamento, decidimos fechar o Preto 22. Nós o devolvemos aos mesmos espanhóis com que havíamos negociado, e eles assumiram o passivo, àquela altura já bastante grande. Papai e eu ficamos sem a maior parte das promissórias da Tupi e, agora, sem a casa noturna. Definitivamente, não éramos grandes empresários. Minha sincera homenagem, nas pessoas do Ricardo Amaral e do Omar Catito, aos profissionais que conseguem tocar suas casas noturnas e restaurantes com sucesso de público e de renda por muitos anos. No nosso caso, só tivemos o de público, pois a renda foi socializada entre dezenas de pequenos pilantras.

Minha relação com o velho, naquele momento, estava muito ruim. Ele me responsabilizava pelo insucesso financeiro do Preto 22, no que talvez tivesse um pouco de razão. Mas o mais duro é que tinha sérias desconfianças sobre minhas condições de tocar minha vida profissional sem ele. Devo admitir que no fundo, naqueles dias, eu também não confiava muito no meu taco. Como bem sabemos, as desgraças nunca vêm solteiras. As dívidas de nossa empresa com artistas e produtores do *Programa Flavio Cavalcanti* haviam sido liquidadas com um financiamento obtido em um banco, que recebeu como garantia a hipoteca da nossa querida casa de Petrópolis. O empréstimo já estava vencido havia mais de um ano, e, como não tínhamos a menor condição de pagar e não arranjávamos compradores, papai e mamãe tomaram a dolorosa decisão de entregar a casa como dação em pagamento.

Todos os três filhos, o genro e a nora participaram da amarga reunião em que assinamos os documentos de entrega da casa. Pouco se falou, cada um de nós derramou sua lágrima de dor pela perda imensa. E essa dor era tremendamente amplificada no coração do meu pai. Ele nunca se conformou em perder a casa que tanto amara, localizada na rua que levava seu nome, em sua homenagem. Lá ficou seu famoso e adorado viveiro, lá ele deixou a capela que construiu para o batizado dos netos e a adega, onde reunia os mais chegados. Flavio, meu pai, não perdeu uma casa naquele dia – muito mais que isso, ele se sentiu expulso do paraíso que criara.

O VOO SOLO

A hora da verdade havia chegado. Eu precisava tentar meu primeiro voo solo. Augusto César Vannucci era muito amigo de um empresário de artistas chamado Geraldo, que havia trabalhado uns tempos com Marcos Lázaro. Vannucci e Geraldo resolveram criar uma empresa para produzir espetáculos, peças de teatro e, quem sabe, no futuro, até mesmo programas de televisão. Talvez entusiasmados com meu histórico de diretor de empresas falidas, me convidaram para sócio. Vannucci, um grande sujeito, era sonhador profissional e um dos melhores diretores de televisão do Brasil. Foi uma honra ter sido seu sócio. Nosso primeiro projeto foi a produção e montagem de uma peça inédita de Paulo Pontes, uma comédia muito engraçada, e saímos atrás de teatro e elenco. Conseguimos alugar, por oito semanas, o pequeno Teatro Santa Rosa, que, por coincidência, ficava no porão do Preto 22.

Graças ao prestígio de Vannucci, contratamos um elenco de primeira, que certamente ajudaria a fazer da peça um grande sucesso. Com Agildo Ribeiro e Berta Loran à frente, iniciamos os ensaios. As coisas andavam bem, até que Vannucci me chamou para jantar na Florentina, tradicional reduto de boêmios e artistas no Leme. Antes mesmo do primeiro gole de uísque, fui avisado de que Paulo não autorizava que eu fizesse parte da produção, pois filho de Flavio Cavalcanti, o reacionário, não poderia jamais participar de um projeto que envolvesse um esquerdista de linhagem tão fina quanto ele. Vannucci apressou-se a dizer que tinha mandado Paulo Pontes à merda. Agradeci a solidariedade e passamos a pensar numa saída para negociar com o elenco e nos livrar das oito semanas de aluguel do Santa Rosa. A primeira questão foi resolvida rapidamente. Sabendo do problema com Paulo Pontes, todos os artistas abriram mão dos contratos, sem nenhuma exigência, além de reservarem para o gênio da raça os mais sonoros palavrões.

Já o gerente do teatro não concordou em liberar o aluguel. Teríamos de pagar pelas oito semanas, com ou sem espetáculo. A Pró-Show Empreendimentos Artísticos Ltda. (era esse o nome da empresa), então, descobriu que Walmor Chagas andava atrás de teatro para montar um espetáculo chamado *Os Portugueses*, um recital de poemas de autores lusitanos, incluindo Fernando Pessoa e seus heterônimos, passando por António Botto e, naturalmente, Luís de Camões. Coisa para intelectual, claro, muito distante da comédia que sonháramos montar. De qualquer maneira, Walmor estava dando um tremendo ibope numa novela da Globo, o que poderia ser garantia de bom público. A peça, como temíamos, foi um sucesso de crítica e um fracasso de público. Walmor ficaria com um percentual da bilheteria depois dos custos pagos. No fim das contas, não conseguimos pagar nem mesmo os "tijolinhos" nos jornais, que divulgavam nossa primeira produção.

Havia uma empresa no Rio, a Publicidade Certa, que comercializava para os principais jornais os espaços de divulgação de shows, peças de teatro, restaurantes etc. O dono se chamava Sieiro Neto. Ficamos devendo uma soma razoável de dinheiro, cobrada paciente, gentil e sistematicamente por um sujeito muito educado chamado Toninho. Uma vez por semana, ele aparecia lá em casa com a fatura. Minha mulher oferecia um cafezinho, um biscoitinho e dizia que, infelizmente, naquele momento, não tínhamos o numerário suficiente para honrar o compromisso, mas que ele não se preocupasse, porque saldar aquela dívida estava entre as nossas prioridades.

Essas visitas se prolongaram por mais de um ano, até que, finalmente, surgiu um dinheirinho e liquidamos nosso débito, acrescido de uma garrafa de uísque, oferecida ao paciente e boa-praça Toninho. Mas, infelizmente, a Pró-Show não nascera para durar. Vannucci, cada vez mais envolvido com os espetáculos globais, ainda teria fôlego para montar um teatro num shopping que estava sendo construído na Gávea. O hoje Teatro Vannucci é uma prova da capacidade de realização daquele profissional e ser humano maravilhoso que a morte nos roubou muito antes da hora.

Completamente perdido, sem saber o que fazer na vida, eu estava, aos 26 anos, casado, pai de uma menina de dois, sem profissão definida. Um especialista em generalidades. Resolvi, então, retomar o curso de Direito, desta vez na Faculdade Estácio de Sá. Pelo menos teria, em três anos, uma profissão de verdade. Simultaneamente, vasculhava os classificados do *Jornal do Brasil* em busca de emprego. E deparei com um anúncio: "Precisamos de profissional com experiência em vendas para trabalhar em empresa organizadora de feiras e congressos".

Às oito horas da manhã seguinte me apresentei na Brasenco, na Rua Almirante Cochrane, na Tijuca. Fui entrevistado pelo gerente de marketing, que, impressionado pelo fato de estar com o filho de Flavio Cavalcanti na sua frente, levou-me a conhecer o dono da empresa, Walter Perez. Após uma rápida conversa, ele me contratou como assistente de vendas e passou a falar dos projetos que estava desenvolvendo, como a organização de mais de dez eventos de médio e/ou grande porte, que rapidamente os levariam a ser uma das maiores empresas do ramo no Brasil. Passei a vender estandes para exposições nas feiras que eram realizadas paralelas aos congressos. Tudo ia bem, não fosse um probleminha: o homem não possuía capital de giro para bancar os custos de um negócio de longa maturação. Achei que bastava uma Tupi na minha vida – empresa sem dinheiro, por empresa sem dinheiro, eu preferia as minhas. Agradeci, dei um "até logo" ao Walter Perez, recebi em cheques pré-datados meus honorários, que foram devidamente honrados, e fui à luta mais uma vez.

Numa manhã de sábado, cruzo com Adolpho Bloch caminhando pelo calçadão da Avenida Atlântica, acompanhado da sua inseparável cachorrinha, Manchetinha. Sentamos num banco e ele começou a puxar conversa, perguntando pelo velho, disse que sentia falta dele na televisão e indagou o que eu estava fazendo. Encabulado, disse que, naquele momento, nada. Seu olhar me deu a impressão de que ele suspeitou que meu negócio não era trabalho. Foi embora, e eu passei o resto do dia martelando essa percepção. No dia seguinte, liguei para Moisés Weltman, diretor da revista *Amiga* e meu amigo. Disse que estava sem emprego e que queria trabalhar na Bloch. E que, se ele pudesse falar a respeito com Adolpho, ficaria muito grato.

Moisés pediu tempo, prometendo que iria tentar. Dias depois me ligou, dizendo que o emprego estava certo, que eu me apresentasse a Adolpho na segunda-feira pela manhã. Passei o fim de semana nervoso, aguardando o encontro. Às dez da manhã estava diante do meu futuro patrão. Ainda nem era empregado, mas ele olhou para o relógio e me deu o primeiro esporro: "Flavio, nosso expediente começa às nove, portanto o senhor está uma hora atrasado. Que isso não se repita!". Aí, simplesmente, virou as costas e continuou a discussão em que estava envolvido: a sempre difícil escolha da próxima capa da revista *Manchete*, que circularia dois dias depois.

Enquanto assistia à cena, fui chegando para perto da Yara, secretária do homem, e perguntei, bem baixinho: "O que é que eu faço?". Ela fez aquele gesto de que não tinha a menor ideia e disse que era melhor esperar um pouco. Presenciei, então, a primeira das dezenas de cenas folclóricas que viveria na Bloch a partir daquele dia. Seu Adolpho começou a mastigar, literalmente, um cromo, dizendo que aquela foto estava uma porcaria. Mastigava e cuspia no chão, à beira da apoplexia, enquanto alguns diretores tentavam acalmá-lo. Decidia-se assim, num clima felliniano, finalmente, a capa da próxima edição. Isso feito, Adolpho, já mais calmo, pediu a Yara que ligasse para Oscar Bloch Sigelmann, seu sobrinho e vice-presidente da empresa. "Oscar, está aqui na minha frente o Flavinho. Ele é filho do nosso amigo Flavio Cavalcanti, está precisando trabalhar e eu o contratei. Acerte com ele os detalhes." Desligou e me mandou ir até a sala de Oscar, no décimo andar.

Meu primeiro contato com Oscar não foi muito estimulante, mas ao longo dos anos nos tornaríamos grandes amigos. Naquela primeira conversa, fez questão de não ser simpático. Olhou-me de cima a baixo e perguntou o que eu sabia fazer, pois teria que me dar um emprego de qualquer maneira. Contei-lhe, o mais resumidamente possível, minhas experiências, e, como já havia trabalhado com venda de publicidade, ele decidiu me colocar como contato publicitário (era assim que se chamavam os executivos de contas dos veículos) de uma das revistas da empresa. Da sala de Oscar, fui parar na de Expedito Grossi, então diretor comercial, e daí na de David Klajmic, gerente que fazia o tipo de sargentão, que conduzia seus pupilos com rédea curta. Tornei-me, assim, contato da revista *Fatos & Fotos*. Salário, uma porcaria. Havia, porém, uma comissão de oito por cento sobre as vendas. Peguei a tabela de preços e achei que havia acertado na loteria, pois ela me indicava que com apenas duas ou três páginas de anúncios por semana as comissões me possibilitariam faturar alto.

Comecei a fazer as primeiras visitas, acompanhado de contatos muito mais experientes, como Osmar Gonçalves, Paulo Cesar Lo Bianco, Roberto Gaida, Luiz Carlos Machado da Rocha e Manuel Gomes. Em menos de uma semana, meus sonhos de fortuna foram ao chão, pois descobri que oito por cento de zero não era muito dinheiro. Zero, meus caros, era o faturamento da *Fatos & Fotos*. Para se ter uma ideia, Lo Bianco, vendendo *Manchete*, recebia 0,8% de comissão e vivia bem. *Fatos & Fotos* era, percebi logo, um subproduto da sua irmã mais importante. Esse era o modo como o mercado publicitário a enxergava, tornando uma dureza a conquista de anúncios.

Mas estar trabalhando numa grande empresa, longe dos desconfiados olhos de meu pai, era tudo o que eu queria na época, mesmo sem colocar a mão em dinheiro. Fui conhecendo a casa e o mercado publicitário em geral. Aproveitei minha boa capacidade de relacionamento com as pessoas e, aos poucos, ia descobrindo alguns espaços para faturar. Ainda não dava para exagerar, mas meu sogro não precisava mais ajudar financeiramente, e só isso já me dava grande alegria. Estava convencido de que a ascensão na Manchete só dependia de mim mesmo.

Após um ano e pouco, tendo conseguido inventar cadernos especiais sobre moda, com a ajuda da competente diretora de marketing, Marlene Bregman, acabei algumas vezes me tornando o contato de maior contracheque da área comercial. Aí, seu Adolpho me chamou para uma conversa: "Você está me levando à falência com essas suas comissões. Eu preciso te promover para poder te pagar menos. Estou com problemas em Salvador. Acho que estão me roubando por lá. Você não quer ser nosso gerente na Bahia?". Demorei um segundo, analisando cuidadosamente o convite, e... topei. Dez dias depois, a bordo de minha Brasília 77, peguei a BR-101. Aos 27 anos, havia, finalmente, completado com louvor meu primeiro voo solo.

TEMPOS FELIZES

Era pequena a sucursal que iria assumir em Salvador. Além de mim, como gerente, havia um contato comercial, um repórter, um fotógrafo, um motorista que dirigia uma Variant caindo aos pedaços, uma secretária e um *boy*. Meu antecessor, em cumplicidade com o contato comercial, havia feito miséria. Os dois abriram contas frias em bancos, para onde desviavam os pagamentos que a empresa tinha a receber. Prometiam matérias impossíveis ao governo do estado e a algumas prefeituras. Um dia fui apresentado ao Mario Calmon, presidente da Bahiatursa, empresa de turismo da Bahia, que me cumprimentou quase com rudeza ao saber que eu trabalhava na Bloch. Pedi, então, que me recebesse, para explicar o motivo daquela cara feia com minha editora.

Dias depois, em seu gabinete, fui apresentado a um contrato que meu antecessor havia assinado para a impressão da revista *Viver Bahia*, que divulgava para o meio turístico as belezas da boa terra. A Bloch desconhecia tal contrato, e soubemos que os picaretas haviam recebido antecipadamente o valor das duas primeiras edições. É claro que nossa imagem em Salvador era péssima. Consegui com Adolpho a impressão das duas edições que, de qualquer maneira, estávamos devendo, e isso, além de ajudar a resgatar a boa imagem da Bloch naquele mercado, acabou me aproximando de Mario Calmon, que mais tarde se tornou outro dos meus grandes amigos.

Aos poucos, com doses maciças de conversa e trabalho, fomos colocando as coisas em ordem. Depois de alguns meses, passamos – Suzana, Bebel e eu – a levar uma vida deliciosa. A casa era gostosa, mas modesta, ficava numa rua pequena e com pouco movimento, no bairro da Pituba. Começamos a fazer amigos, a maioria dos quais preservamos até hoje. Os primeiros nativos que nos receberam eram simplesmente os donos da terra. Não, não se tratava de Antônio Carlos Magalhães, mas de Jorge Amado e sua mulher, Zélia. Papai mandou um cartão pedindo suas bênçãos para nós. Alguém pode imaginar o poder de uma bênção de Jorge Amado na Bahia? Passamos a frequentar sua casa no Rio Vermelho, aos sábados à tarde, ouvindo, embevecidos, suas histórias, tomando sorvete daquelas frutas maravilhosas, como umbu, cajá-manga, carambola etc. Nem preciso dizer que o homem era um fantástico contador de histórias, e algumas delas ficarão para sempre em minha memória. Vale a pena contar uma aqui, agora.

Uma empregada da casa, certa vez, deixou de cumprir as obrigações com os santos e acabou tomada por uma entidade muito doida, que a levou, totalmente nua, durante uma madrugada, para o quarto dos patrões, em busca de atenção e outros consolos. Zélia, é claro, só lhe satisfez o primeiro desejo, e, depois de convencê-la a esquecer os demais, carinhosamente a levou de volta ao seu quarto. No dia seguinte, uma calma e tímida moça servia o café à família Amado, certamente sem guardar nenhuma lembrança dos acontecimentos da madrugada. Essa mesma moça, a quem os orixás viviam pregando peças, de outra feita foi arrastada durante um dia inteiro pelas ruas da Bahia, completamente fora de si, tomada por um exu qualquer. Ela só voltaria a ter paz depois que Jorge a levou a uma mãe de santo poderosíssima, que, enfim, conseguiu apaziguar seu espírito.

Outro delicioso momento com ele aconteceu no seu estúdio, no meio da mata fechada que cercava a residência. Lá ele escrevia seus livros. Na época, trabalhava em *Farda, fardão, camisola de dormir*. Jorge dava uma entrevista para estudantes de literatura da Universidade Federal da Bahia, e uma menina, daquelas muito espevitadas, perguntou se era muito difícil escrever, pois ela pretendia seguir seus passos. Nosso grande escritor, glória das letras nacionais, respondeu com a cadência e suavidade que só o "idioma" baiano permite: "Minha filha, ou é fácil, ou é impossível. Logo, logo você vai descobrir".

Na casa dos Amados, ficamos amigos também do filho deles, João Jorge, e de sua ex-mulher, Mariinha. Ela, veterinária competente, tentou, sem sucesso, salvar a vida de um coelhinho de minha filha, dotado de manias suicidas e que pulara da varanda, indo estatelar-se dez metros abaixo. Acabamos sendo obrigados a sacrificá-lo. Ficamos amigos também de Edvaldo Brito, então prefeito de Salvador, de sua mulher Reginalda, e ainda de sua mãe, uma legítima rainha africana, que, usando aqueles lindos vestidos brancos de renda, típica das baianas, preparava os mais fantásticos quitutes, como abarás, acarajés, vatapás, em seu pilão quase centenário. Outros eram Claudelino Miranda, um dos sujeitos mais prestativos que conheci na vida, e o casal Geraldo Vilalva e Regina Coeli, ela, colunista social do *Jornal da Bahia*. Por meio de Mario Calmon conheci seu pai, Jorge Calmon, outra referência baiana, eterno diretor do jornal *A Tarde*, sem contar alguns cariocas, felizardos exilados, como nós: Gustavo Werneck, José Américo, Luiz Fernando Domício, todos com suas respectivas mulheres. Mantínhamos, domingo sim, domingo não, uma escuna alugada da LR Turismo, o que nos permitiu conhecer a beleza da Baía de Todos os Santos e o fascínio de suas ilhas e praias.

Para comemorar meu aniversário, nos primeiros dias de setembro, Suzy resolveu organizar um jantar para um pequeno grupo de cinco casais, porque a nossa casa na Pituba era pequena. Na véspera, recebo no escritório o telefonema do humorista e amigo Agildo Ribeiro, que no dia seguinte faria um show, em dupla com a adorável travesti Rogéria. Agildo me convida para assistir ao espetáculo e jantarmos juntos a seguir. Respondi que seria impossível aceitar o convite, pois estaria recebendo amigos em casa na mesma hora. Intimo os dois a irem lá pra casa participar da reunião, logo que o show terminasse.

Suzy, *chef* de mão cheia, preparou uma das suas especialidades, *o coq au vin*, reservando dois pratos para Agildo e Rogéria, que chegariam bem mais tarde. Para falar a verdade, a noite não seguia, como eu diria, muito animada; os convidados não tinham intimidade entre si, e a conversa seguia meio arrastada, enquanto as doses de uísque não colaboravam para descontrair o ambiente. Jantar servido às 22 horas, o prato elogiadíssimo, vinho para quem era de vinho, sobremesa, cafezinho, bolo, licores, e a noite segue um pouco mais animada do que no início, apesar de dar sinais de que o papo não iria se estender por muito tempo. Percebo que Edvaldo começa a ameaçar um cochilo. Para quem não o conhece, é um brilhante advogado, com especialização em direito tributário, de origem muito humilde, com mais de 1,90 m de altura, professor titular da Universidade Federal da Bahia, onde dá aulas desde a década de 1970. Edvaldo é uma instituição na Bahia, tendo sido prefeito, secretário de Justiça e de Educação e diversas vezes eleito vereador de Salvador.

Toca o telefone, era a dupla, perdida numa padaria do bairro, pois o motorista do táxi havia se enrolado com o endereço. Combino apanhá-los, aviso Suzy e saio. Quinze minutos depois, adentra nossa sala uma esfuziante Rogéria, a passos largos, dizendo, em tom teatral, "boa noite, boa noite, boa noite!", enquanto procurava um pouso para sentar. Ela acha: o colo de Edvaldo, a quem chamava de "deus negro"! Altera-se imediatamente a chave da festa, de neutra para ON. Agildo assume o controle da reunião, exigindo moderação de Rogéria, enquanto a plateia, ainda impactada pela *grand entrée*, dá gargalhadas, tendo início, então, uma das mais divertidas noitadas que já tive. Os dois improvisaram uma performance espontânea e humorística que se estendeu até quase as duas da madrugada. Grande noite!

No trabalho, o ritmo era baiano, em que, para conjuminar as conversas, tem-se que esticar o papo. Um negócio aqui, outro ali, uma reportagem especial de vez em quando. Desfrutava de um bom relacionamento com o então governador Roberto Santos e sua mulher, dona Maria Amélia. No final do governo, ele encomendou uma edição especial sobre suas realizações, daquele tipo geralmente rotulado como "informação publicitária". O preço da matéria, de 64 páginas em cores, com um *reprint* de 25 mil exemplares, era bastante alto. Adolpho ligou, dizendo que estava preocupado com o recebimento daquele trabalho, pois Roberto Santos deixaria o governo no dia em que a edição deveria circular e não daria tempo para providenciar o pagamento. O sucessor era ninguém menos que Antônio Carlos Magalhães, o ACM, adversário político do governador que saía. Fui ao Palácio de Ondina e, com muito jeito, transmiti ao governador a preocupação da empresa. Ele, com muita firmeza, disse que podíamos confiar, pois antes de sua saída do governo a fatura seria liquidada. Convenci Adolpho a aceitar a aposta.

Para a elaboração da matéria, providenciamos dois monstros sagrados do jornalismo, o repórter Joel Silveira e o fotógrafo Juvenil de Souza. O talento de Joel era curtido no velho e bom líquido escocês. Ele me telefonou antes de embarcar para Salvador, acertando as condições de trabalho. Primeiro, não era mais um garoto para ficar correndo atrás de dados sobre o governo do estado. Eu teria de municiá-lo com as informações das diversas áreas e ele arrumaria tudo em sua máquina de escrever, acompanhado apenas de uma garrafa de Black & White e muito gelo – essa era a segunda exigência.

A matéria foi quase concluída umas três ou quatro garrafas depois, restando somente uma conversa final, em forma de entrevista do nosso Joel com o governador. Apesar da má vontade do jornalista, carreguei-o até a residência oficial em Ondina. Na terceira dose da conversa, comecei a me preocupar com o andar da carruagem, mas nada de sério aconteceu, a não ser uma frase final de Joel, dizendo lastimar a dificuldade de Antônio Carlos ao assumir o mandato, dali a alguns dias, pois não lhe restaria mais nada a fazer pela Bahia, já que estava tudo pronto. Risos amarelos e tapinhas nas costas encerraram a entrevista.

Domingo à noite, toca o telefone lá de casa e uma voz muito grave pedia que aguardasse um instante, pois o governador queria me falar: "Pois não, dr. Roberto, como vai?". "Aqui não é dr. Roberto, não. Quem fala é Antônio Carlos." Engasguei, claro, e balbuciei algumas desculpas. Ele primeiro me perguntou quanto custara aquele absurdo de publicação e então avisou que o seu governo não se responsabilizaria pelo pagamento. Disse-lhe que, quanto ao custo da matéria, somente Adolpho Bloch, dono da empresa, poderia informar, e que, quanto ao pagamento, ele já havia sido efetuado. ACM, então, pediu o telefone da casa de Adolpho e desligou sem se despedir.

Liguei correndo para o patrão, prevenindo-o do contato que o governador faria em seguida. Ele não entendeu a razão de eu não ter passado logo o valor acertado. Retruquei que essa informação eu achava confidencial e que só ele, Adolpho, poderia divulgar. Ele, rindo, me disse: "Você está querendo enfrentar a fera!". Era mais ou menos isso. Indagou então quanto havia sido pago, agradeceu e desligou. Uma hora depois, ACM tornou a me chamar: "Senhor Flavio, a quantia foi de quatro milhões, não foi?". Respondi: "É isso mesmo, governador, o senhor falou com o Bloch?". E ele: "Não, quando você me disse que já havia sido efetuado o pagamento, mandei um assessor à Secretaria da Fazenda verificar os pagamentos feitos à sua empresa esta semana. Quero dizer que respeito seu procedimento e gostaria que viesse até o meu gabinete amanhã, pois precisamos nos conhecer".

Aliviado, agradeci as palavras, dizendo que ele não se preocupasse muito com o custo da reportagem especial, porque, no final do seu governo, ele acabaria fazendo uma parecida. Não posso dizer que tenha me tornado amigo de Antônio Carlos, mas tivemos uma convivência civilizada e respeitosa nos quase trinta anos de contatos e conversas. Gostava muito do seu filho, Luís Eduardo, e acho que, não fosse sua precoce morte, ele acabaria chegando à Presidência da República. Mas, voltando a ACM, ele sempre mostrou disposição para ajudar as empresas em que trabalhei. O primeiro dos muitos pedidos que lhe fiz foi para que apoiasse, no Ministério das Comunicações, em Brasília, a concessão à Bloch de uma rádio FM em Salvador, cuja frequência havia se colocado em disputa. "Recomendar", em se tratando do homem, era uma espécie de eufemismo.

Estávamos em 1979, Antônio Carlos recém-empossado governador da Bahia, pela segunda vez, e o Ministério das Comunicações abre edital para uma rádio em Salvador. Os Blochs já contavam com uma emissora em Niterói e haviam acabado de ganhar a concessão de outra, em São Paulo. Sonhavam com a criação de uma rede de emissoras de rádio, que, aliás, acabaria sendo o embrião da Rede Manchete de Televisão, mas essa história com final triste fica para mais adiante. Oscar me pediu que fosse ao governador solicitar seu indispensável apoio às nossas pretensões.

A essa altura, eu já havia deixado Salvador e assumido o cargo de diretor da Bloch em Brasília. Estava subindo na vida, e dar um pulo em Salvador, definitivamente, nunca deixou de ser um excelente programa. Fui recebido no Palácio de Ondina num sábado pela manhã, num anexo da residência. Salão enorme, cheio de gente, deputados, secretários de Estado, prefeitos do interior baiano, empresários, jornalistas, puxa-sacos, enfim, todos aqueles que, por uma razão ou outra, precisavam tomar a bênção de Sua Excelência.

Volta e meia a porta do gabinete se abria e Antônio Carlos aparecia, despedindo-se de alguém. Depois, dava uma longa e vagarosa olhada para a plateia, que, ao vê-lo, se colocava respeitosamente de pé, e ele escolhia com quem falaria em seguida. Às vezes, chamava a atenção de um infeliz com aquela sua conhecida voz de resfriado: "Dr. Pedro, eu não gostei de suas declarações sobre o polo petroquímico. Espero que isso não se repita". Constrangimento geral, o pobre do dr. Pedro estava em desgraça com o homem.

Chegada a minha hora, o governador me convidou a entrar e, com calorosa simpatia, queixou-se de que eu havia abandonado a Bahia sem lhe dar chance de me segurar. Ouviu, então, o pedido para que apoiasse a Rádio Manchete em Salvador. "Flavio, você está maluco? O jornal *A Tarde* está disputando essa estação e eu tenho de apoiá-los. Afinal, trata-se do mais importante jornal da Bahia, e, apesar da amizade que tenho com os Blochs, entre os dois, fico com a empresa da minha terra." Simples, claro e direto.

Quando eu, desapontado, já ia começar a falar das delícias da cozinha baiana, pois aquele assunto estava liquidado, ele pediu um momento e chamou Raimundo, uma espécie de mordomo e faz-tudo, pedindo que ligasse para a casa de Rômulo Villar Furtado, secretário-geral do Ministério das Comunicações. "Rômulo? Antônio Carlos, tudo bem? Escuta, sobre aquela licitação de FM em Salvador que eu pedi para ser dada ao pessoal do jornal *A Tarde*, por acaso você tem uma outra frequência de rádio disponível aqui na cidade? Então faça isso, eu gostaria de atender os Blochs, da Manchete, para que recebam uma rádio também".

O secretário responde que não vê nenhuma dificuldade, que pediria ao ministro Haroldo de Mattos que falasse com o presidente Figueiredo, a quem realmente caberia assinar o ato de outorga, mas não esperava nenhum obstáculo maior.

"Grato e um abraço" – completa ACM. Pronto, ali estava o homem! Saí da sala feliz e, ao mesmo tempo, impactado com a sua demonstração de poder.

Antes de continuar com as histórias de Brasília, convém lembrar a razão de minha saída da Bahia. O fato é que, após um ano e pouco de praia, acarajé, bacalhau à Gomes de Sá na pensão da Tia Carmina, na Avenida Sete, e das moquecas do Bargaço, muita escuna e nem tanto trabalho, achei que estava na hora de voltar para o Rio. Convenci-me de que não tinha chances de crescer numa pequena sucursal e que, profissionalmente, precisava de novos desafios. Adolpho não gostou da minha conversa de voltar ao Rio. Disse que não havia lugar para mim na sede e pediu que aguardasse um tempo. Nesse ínterim, papai me ligou de São Paulo, falando maravilhas de um novo amigo, Edvaldo Alves da Silva, dono das Faculdades Metropolitanas Unidas, que começava a montar uma rede de rádio, chamada Capital. Contou que haviam acabado de adquirir a velha Rádio Continental do Rio e que conseguiria que me contratassem para ser o diretor.

Animado, peguei um avião e fui a São Paulo, em busca do meu retorno ao Rio, conversar com o diretor da rádio, Hélio Ribeiro, um dos mais importantes radialistas do Brasil. Mas como descrevê-lo? Você se lembra do Roberval Taylor, famoso personagem criado pelo gênio de Chico Anysio? Um sujeito que dizia a toda hora: "Já falamos muito de mim, falemos agora um pouco de você. Tem me visto ultimamente?". Pois é, era assim mesmo. Para quem não se lembra, vou tentar ajudar: Tinha topete? Tinha. Voz de veludo? Tinha. Achava-se um gênio da raça? Isso mesmo. Alguma dúvida sobre os caminhos do rádio no Brasil? Nenhuma, ele sabia tudo. Fiquei vivamente impressionado com o tamanho do ego do meu provável futuro chefe. Mas o dinheiro era bom, e os meus 28 anos ainda eram uma ótima idade para correr riscos.

Após a conversa, voei para o Rio e apresentei minha demissão a Oscar e a Adolpho. Conversa vai, conversa vem, combinei ficar em Salvador mais um mês, para que a empresa contratasse um substituto. Tratei de preparar a mudança e de começar a me despedir dos muitos amigos baianos. Uma noite, tocou o telefone – era Oscar, chamando a mim e a Suzana para jantar no Rio, dois dias depois. Mandou as passagens e fomos. Colegas me anteciparam que eu seria convidado para assumir a Bloch Editores em Brasília.

NA CORTE DO PLANALTO

Para quem menos de três anos antes estava perdidinho na vida profissional, até que eu não estava me saindo tão mal. Oscar não me deu bola durante o jantar e jogou seu charme para cima de Suzy, porque "tem horas em que é a mulher que sabe o que é bom para o marido". E insistiu com ela que eu estava cego ao não ver que tinha um futuro espetacular na empresa. Que eu fosse para Brasília, com o salário reforçado, e que, finalmente, dentro de uns dois anos, no máximo, voltaria ao Rio para um cargo ainda mais importante. O céu era o limite etc. e tal.

Sentindo-me o mais brilhante dos executivos, concordei em continuar emprestando meu "extraordinário talento" aos Blochs. Só me restou agradecer o gentil convite de Hélio e seguir com a mesma Brasilia 77, àquela altura bastante enferrujada pela maresia de Salvador, para a capital federal.

Logo no primeiro dia de trabalho, audiência com o presidente da República, João Figueiredo, levado pelas mãos amigas do nosso editor--chefe, o acadêmico Murilo Melo Filho. Do presidente, fui a Delfim Netto, então ministro da Agricultura, depois ao general Golbery do Couto e Silva, deste a Heitor Ferreira de Aquino, poderoso secretário particular de dois presidentes, Ernesto Geisel e João Figueiredo.

A sede da empresa era um luxo. Foi projetada por Oscar Niemeyer e plantada no meio de um espelho d'água, onde se destacava uma escultura de Bruno Giorgi. Lá recebíamos muito, para almoços e jantares sempre deliciosos elaborados por Monsieur Severin, um paraibano porreta, nascido Severino, que criava pratos incríveis. A fama dos quitutes facilitava a atração de autoridades, o que permitia, além de captarmos notícias de fatos políticos e econômicos que ainda estavam por ocorrer e publicá-los nas nossas revistas, ainda encaminhar negócios gráficos e publicitários. Havia uma brincadeira no mercado editorial de que a Bloch era um maravilhoso restaurante que de vez em quando lançava uma revista.

Tudo muito bom, mas onde estava o faturamento para deixar seu Adolpho feliz? A Caixa Econômica era, de longe, nosso cliente mais importante, graças à impressão e distribuição para todos os recantos do país de centenas de milhares de volantes com as apostas sobre o resultado dos treze jogos da Loteria Esportiva, que a Bloch imprimia, em companhia de outras três ou quatro gráficas de grande porte. O jogo da zebrinha tinha virado febre nacional.

Logo identificamos que o calcanhar de aquiles do negócio estava na distribuição, e não na impressão, que a gráfica tirava de letra. O problema era como entregar nos mais distantes locais do país a grande quantidade de volantes com a relação dos jogos do fim de semana, com antecedência mínima de seis dias. Logística era a palavra, que foi resolvida, graças a uma assistente, baixinha e extremamente simpática, chamada Rita de Cássia, que fazia a ponte entre a gráfica e a gerência de distribuição da Caixa Econômica Federal.

Pouco a pouco fui descobrindo outras possibilidades de negócios, aprendendo a navegar naquele mundo fechado, em que o poder estava concentrado na mão de militares que tocavam a República.

PREOCUPAÇÕES COM DONA BELINHA

Enquanto isso, papai conseguiu formatar um contrato e colocar de pé, novamente, seu querido programa, na combalida Tupi. As condições eram outras, o dinheiro para bancar os custos de produção e da equipe, bem menores, mas voltavam os quadros, o júri, as atrações e a alegria do velho de fazer o que mais gostava na vida. Com a enorme criatividade e garra de sempre, ele colocou de pé um programa que rapidamente voltaria a ter grande audiência, além de se tornar a maior receita da Rede. Eu de Brasília, e ele do Rio, namorávamos por telefone. A vontade de voltarmos a trabalhar juntos era muito evidente, mas nós dois sabíamos que o certo a fazer era cada um tocar sua vida profissional de modo independente, já que eu não poderia fazer nada de muito diferente do que ser um bom assistente de produção. O ano era 1979, e a saúde de minha mãe, que sempre fora muito delicada, começava a degradar. Ela tinha um diagnóstico de Parkinson que avançava, lenta, mas inexoravelmente, tornando suas mãos cada vez mais trêmulas e curvadas, perdendo peso a olhos vistos e com impossibilidade de se locomover. Nós, os três filhos, ficamos preocupados e tristes, mas seu Flavio estava abalado profundamente, perdendo sua alegre energia e força mental e passando a viver espasmos de depressão.

AS GOTINHAS DO DR. SABIN

Adolpho era muito amigo do dr. Albert Sabin, cientista que havia desenvolvido uma vacina em gotas contra a paralisia infantil, moléstia que infelicitava milhões de crianças no mundo inteiro, criando um enorme contingente de jovens com deficiência. Até então, o que havia contra a doença era uma dolorosa vacina na forma de injeção. Sabin era casado com uma brasileira, dona Heloisa Dunshee de Abranches, mãe do meu amigo Carlos Eduardo Jardim, brilhante profissional de marketing, que naquele momento atuava na Secretaria de Comunicação Social da Presidência da República.

No Brasil, em especial, essa terrível doença ainda não havia sido de todo erradicada. Durante um jantar nos Estados Unidos, meu patrão convenceu o cientista a preparar um programa de vacinação em massa, para acabar com esse problema por aqui. Sabin ficou entusiasmado com a ideia e, uns vinte dias depois, desembarcava em Brasília, de mala e cuia, para assumir sua missão salvadora. Havia, no entanto, um pequeno problema: ambos, tanto Adolpho quanto Sabin, se esqueceram de combinar esse assunto com o governo brasileiro. Essa tarefa "simples" ficou ao meu encargo. Marquei, então, uma audiência com o ministro da Saúde, Waldyr Arcoverde. Com o cientista a tiracolo, que, apesar de falar e entender razoavelmente o português, se recusava a fazê-lo.

Demos início a uma difícil reunião, em que Sabin esculhambava a política do ministério para o setor e exigia do governo facilidades operacionais para poder desenvolver trabalho de logística para levar o mais rapidamente possível a vacina para milhões de crianças em todos os recantos do país. O ministro, que não falava uma palavra de inglês, me usando como intérprete, apesar do sofrível inglês que eu balbuciava, recusava-se a admitir que o programa brasileiro tinha algo de errado e mandava que eu dissesse, pura e simplesmente, que agradecia a oferta, mas não necessitava que o dr. Sabin viesse ensiná-lo a combater a doença. Eu, no meio daqueles dois, fazendo o papel, não só de intérprete, mas principalmente de diplomata, para não gerar um vexame de repercussão internacional – que seria a recusa da oferta de ajuda do dr. Sabin –, me desdobrava em traduções distorcidas, a fim de evitar as ásperas palavras que cada um dizia ao outro.

Após quase duas horas de audiência, acabamos encontrando um meio-termo, com nosso cientista sendo convidado para "ajudar" o governo na luta para erradicar definitivamente a poliomielite no país. Ao sair, recebo uma homenagem do mal-humorado cientista, que, num português bem ruim, reconhecia que, apesar de eu não ter traduzido corretamente as duras palavras que ele despejara contra nossa autoridade, havia salvado o principal, que era a colaboração que ele, Sabin, poderia dar ao nosso governo no desenvolvimento das campanhas de vacinação. Dr. Sabin acabou se tornando meu amigo, e seu trabalho, em conjunto com as autoridades do Ministério da Saúde, permitiu, finalmente, a erradicação dessa doença no Brasil.

O NASCIMENTO DA REDE MANCHETE

Minha vida brasiliense ia se ajustando aos poucos, e a cidade que nós, cariocas, víamos, no mínimo, com um pé atrás foi-se revelando um lugar muito bom para viver e criar minha filha. Em junho de 1980, há um ano morando em Brasília, recebi o telefonema de Oscar Bloch. Era sábado e ele me perguntava se eu tinha lido o *Jornal do Brasil*. Não, não tinha. "Então vá até uma banca, compre o jornal, leia a matéria que está na página 5 e me ligue depois." A reportagem especulava sobre o destino das emissoras de televisão que formavam a Rede Tupi, nas quais o governo estava prestes a intervir. Segundo a matéria, as estações se encontravam em adiantado estágio de negociação para serem compradas pela Editora Abril, que assumiria o passivo.

Liguei de volta para Oscar e ele determinou: "Vá à casa do ministro da Comunicação Social, Said Farhat, e diga que a Bloch também quer apresentar uma proposta para ficar com a Rede Tupi". Retruquei: "Mas, Oscar, o Adolpho não está no Brasil. Se ele chega e nos desautoriza, vamos ficar com cara de idiotas". E veio a resposta inesquecível do Oscar: "Flavio, a ideia, por enquanto, não é fazermos proposta nenhuma, vamos apenas tentar ganhar tempo e ver o que acontece lá na frente".

Pedi, então, a Carlos Eduardo Jardim, um dos auxiliares mais próximos do ministro Farhat, que marcasse um encontro naquela tarde com o chefe, afirmando que o assunto era urgente e importante. Por volta das seis horas da tarde, fui recebido na residência do ministro. Ele interrompeu uma partida de biriba que disputava com a mulher, dona Raimundinha, e um casal de amigos, e me levou para um escritório, onde dei início à difícil conversa.

"Ministro, estou aqui para, em nome da Bloch, lhe pedir um prazo, pois queremos nos preparar para também oferecer uma proposta de compra das estações da Tupi, que os senhores estão negociando com a Abril." O nosso bom Farhat pôs a mão na cabeça e disse, muito sério: "Olha, Flavio, eu estou estranhando muito essa sua conversa por dois motivos: primeiro, o Adolpho não está no país, pois nesta semana precisei falar com ele e soube que só voltará no fim do mês. Acho improvável vocês decidirem um negócio dessa importância sem a presença dele. Segundo: conheço a situação da Bloch Editores, e sei perfeitamente que a empresa não tem condições de fazer uma proposta melhor do que a que estamos recebendo. Por último, acho que estão apenas querendo tumultuar o negócio da Editora Abril".

Parecia que ele ouvira minha conversa com Oscar. Tentando ao máximo disfarçar o desconforto, disse esperar que ele levasse a sério o nosso pedido e que o encaminhasse ao presidente Figueiredo, para decisão. E prometi que na manhã seguinte, bem cedo, chegaria um telex no seu gabinete (era o que havia de mais moderno em comunicação por texto) com a oficialização do nosso pleito. Oscar relutou um pouco em me autorizar a colocar nosso blefe no papel. "Tem coisas que se fala, mas não se escreve", me ensinava. Mas retruquei que iria ficar péssimo para nós se não déssemos sequência ao assunto. Madruguei no escritório e redigi o tal telex, pedindo um prazo de trinta dias para que tivéssemos a chance de nos colocar como um dos possíveis compradores das televisões associadas.

A verdade é que outros grupos, além da Editora Abril, como o Jornal do Brasil, o de Edvaldo Alves da Silva, da Rádio Capital, e até mesmo um poderoso grupo de Uberlândia, o ABC, do qual eu nunca tinha ouvido falar, iam se movimentando em busca do apetitoso espólio das frequências de televisão da Rede Tupi.

O general Figueiredo, impressionado com a quantidade de interessados, resolveu então declarar peremptas as concessões das emissoras. O governo federal decidia, assim, que as televisões Itacolomy, de Belo Horizonte; Tupi, do Rio e de São Paulo; Piratini, de Porto Alegre; a Rádio Clube de Recife, mais as emissoras de Belém e Fortaleza, simplesmente haviam deixado de existir, em virtude de sua impagável dívida com a União e com dezenas de outros credores, entre eles os funcionários. Uma canetada bastava. Hoje em dia, uma decisão dessas não poderia ser tomada sem ouvir o Congresso Nacional e o Judiciário, mas naqueles tempos não se dava bola para detalhes. O general presidente resolveu ainda autorizar a formação de duas novas redes nacionais, cuja clara finalidade era tentar quebrar o quase monopólio de audiência em que estava se transformando a rede de Roberto Marinho, em razão da competência dos seus dois principais executivos, Walter Clark e José Bonifácio de Oliveira Sobrinho, o Boni. No papel, parecia uma boa ideia, só que papel não entende nada de televisão.

Muito se tem falado do avassalador predomínio da Rede Globo, bem como de sua "perniciosa" influência na nação brasileira. São meias verdades ou meias mentiras, como queira. Na realidade, a Globo consegue realizar a mais competente programação de televisão no país há décadas. Fala uma linguagem universal ("brasileiral", diria melhor, se a expressão não fosse absurda), pois agrada a todos os públicos, da urbana e intelectualizada zona sul carioca ao gaúcho da fronteira; do alto executivo primeiro-mundista da Avenida Paulista ao sertanejo pobre e ignorante de Catolé do Rocha. Discutir o real papel que a Globo exerce na vida nacional é importante, provavelmente necessário, e criar mecanismos artificiais que inibam sua capacidade de continuar crescendo me parece, além de rematada burrice, uma injusta punição à sua competência. Realmente, a Globo é um adversário terrível, mesmo com o crescimento cada vez maior do *streaming*.

Voltando ao assunto, horas e mais horas de reuniões foram despendidas na Bloch para decidir se entraríamos ou não na concorrência, e com quais armas lutaríamos. Enquanto a decisão final não era tomada, me vi gostosamente viajando num sonho com meu amigo, o publicitário e criador de eventos Roberto Medina, da agência Artplan, especulando a possibilidade de nós mesmos virmos a disputar uma das redes. Ele me procurou e, com sua imensa audácia e confiança, além de sua extraordinária capacidade de persuasão, me fez a seguinte proposta:

"Por que nós não constituímos uma empresa para disputar essa parada?". Aí eu disse: "Por vários motivos, e um dos que me ocorrem agora é que não temos a montanha de dinheiro que necessitaríamos para tocar uma empreitada desse porte". Ele contra-atacou: "Detalhes, Flavinho, detalhes. Dinheiro se arruma quando se tem um bom projeto, e nós teremos um". Para a consolidação do bom projeto, e por falar em detalhes, imaginou procurar um terceiro parceiro, sugerindo que fosse, simplesmente, Roberto Carlos. "Não é para rir", disse ele, que logo começou a construir seu castelo de argumentos. "Formaríamos um incrível exército de Brancaleone, com o charme especial de sermos todos filhos da televisão."

Tanto entusiasmo e ousadia acabaram me levando a conversar a respeito com Heitor de Aquino, que achou a ideia muito interessante, desde que conseguíssemos resolver o "secundário" problema do dinheiro. Roberto Medina, mais um representante do outro Roberto, o Carlos, e eu, nos reunimos umas quatro vezes para tentar viabilizar a loucura. O Rei chegou a acenar com a possibilidade de levantar recursos na CBS, sua gravadora. Medina e eu correríamos atrás de amigos milionários, que, na realidade, se tudo desse certo, seriam os sócios majoritários da nova rede, ficando nosso time com a direção executiva da televisão, além de uma pequena participação acionária. Tentamos convencer Adolpho a nos apoiar, sugerindo que ele próprio desistisse de concorrer, oferecendo em troca um grande espaço para divulgação de suas revistas; mas ele tinha outros planos. Na empolgação com o projeto de Medina, cheguei a cometer uma terrível gafe, quando, num telefonema, disse a Oscar que nós (Medina, Roberto Carlos e eu) havíamos decidido participar da concorrência. Oscar retrucou: "Nós, quem, cara pálida?".

Os Blochs, no entanto, bateram o martelo e realmente entraram na disputa, e Oscar me deu o ultimato: ou ficava na empresa, trabalhando para ajudar na obtenção da futura Rede Manchete, ou saía para a deliciosa aventura da "Rede Dream de Televisão". Não havia muita escolha, então decidi ficar onde estava, tendo, assim, o país perdido a chance de acompanhar meu desempenho como grande empresário, o que, sem dúvida, tornaria este livro muito mais interessante. Eu teria a alegria de realizar um sonho e, muito provavelmente, cultivar algumas pontes de safena e diversas úlceras.

As pessoas-chave do governo com a responsabilidade de decidir quem levaria as duas novas prendas eram, além do presidente João Figueiredo, os ministros Golbery do Couto e Silva, do Gabinete Civil, Haroldo Corrêa de Mattos, das Comunicações, o general Octávio de Medeiros, ministro-chefe do Serviço Nacional de Informações (SNI), e Carlos Átila, da Secretaria de Comunicação Social. Como é natural, muito mais gente acabaria por dar o seu pitaco: o ministro do Exército, Walter Pires; o ministro do Planejamento, Delfim Netto; o secretário-geral do Ministério das Comunicações, Rômulo Furtado; o secretário particular do presidente, Heitor de Aquino etc. Oscar e eu começamos a cumprir esse indispensável circuito de visitas, no esforço de convencê-los das inúmeras vantagens para o governo se nos escolhessem. Os grandes concorrentes, além da Bloch, eram a própria Editora Abril, Silvio Santos, o Jornal do Brasil (com poucas chances, pois não conseguira colocar no ar um canal recebido havia muito tempo), Edvaldo Alves da Silva, da Rede Capital, que contava com o apoio de Paulo Maluf, então governador de São Paulo. Havia, ainda, o Grupo ABC, de Uberlândia, mais dois ou três outros sem nenhuma chance.

A Editora Abril, nos parecia, era a franca favorita para levar uma das duas redes colocadas em licitação. Não apenas devido à sua capacidade técnica e possibilidade de alavancar os gigantescos recursos necessários para implantar as emissoras, mas também porque já vinha estudando havia algum tempo sua entrada no meio, com as conversas que manteve para a compra das emissoras que formavam a Rede Tupi. Nossas chances não eram grandes, mas fomos à luta.

A legislação vigente na época, que tratava dos mecanismos de outorga de concessão, privilegiava a vontade do soberano. Cumprida uma parte formal do edital – capacidade financeira, comprovação de que os acionistas eram brasileiros natos ou naturalizados e que os pretendentes não possuíam outras emissoras nos locais previstos nos editais –, caberia ao presidente da República decidir a quem dar o mimo, ao seu bel-prazer, apenas observando, naturalmente, as circunstâncias políticas do momento. Minha missão era fazer com que essas circunstâncias nos fossem favoráveis, o que acabamos conseguindo – juntamente com Oscar Bloch e o jornalista Alexandre Garcia, que acabara de assumir a chefia do jornalismo da Manchete na capital federal, depois de centenas de horas em reuniões com as autoridades já mencionadas, sem contar tantas outras com que nós fomos nos envolvendo. Um incidente, no entanto, ajudou a nos colocar de vez no páreo para valer. O Grupo Abril havia concluído a instalação do seu novo e fantástico parque gráfico e, para inaugurá-lo, convidou o presidente Figueiredo para uma visita seguida de almoço. Tudo caminhava bem, com o general vivamente impressionado com a pujança daquela empresa, que, editando dezenas de títulos, ainda imprimia milhares de livros e vendia milhões de exemplares todas as semanas.

Ao final da visita, um pouco antes de o presidente e sua comitiva se despedirem, o dr. Victor Civita oferece ao chefe da nação uma edição especial da sua revista mais importante, a *Veja*, contendo a cobertura daquele momento que chegava ao fim, tudo ilustrado com várias fotos em cores. Foi um sucesso aquela demonstração de competência e velocidade. Na segunda-feira seguinte, a *Veja* saiu com uma reportagem achincalhando o presidente e seu governo. Figueiredo não perdoou os Civitas. Achava que no mínimo merecia uma trégua de algumas semanas depois do gesto de aproximação que havia feito ao visitar a editora. Hoje, acho que a história da televisão brasileira poderia ter sido outra se a Abril tivesse ganho aquela licitação, mas, na época, recebi com alegria a notícia de que o concorrente estava fora do páreo.

O FANTÁSTICO ADOLPHO

Acho que vale a pena contar algumas histórias de Adolpho Bloch, personagem extraordinariamente interessante. O fundador das empresas Bloch era um judeu russo que veio para o Brasil fugindo da revolução comunista de 1917. Sua mãe trazia uma preciosidade, um pilão, com o qual preparava a alimentação, enquanto usava o fundo do objeto para esconder as joias da família, que eram vendidas aos poucos nos caminhos que percorreram de Moscou até um porto na Itália, para a compra de passagens num navio com destino ao Brasil. Os Blochs eram grandes artesãos gráficos, tendo chegado a imprimir o papel-moeda que circulava em seu país natal, nos tempos dos czares.

Aqui chegando, Adolpho adquiriu uma pequena impressora gráfica de segunda mão e começou imprimindo os papéis de aposta do jogo do bicho. Acabou criando um império. Como todo *self-made man*, dispunha de uma imensa coragem e ousadia. Dever para alguém era sua forma natural de crescer, naquela ideia de que dívida não é para ser paga, e, sim, rolada. Seu temperamento explosivo e o jeito teatral que costumava exibir o tornaram um personagem ao mesmo tempo querido e folclórico. Mastigava, como presenciei, cromos fotográficos de que não gostava e os cuspia no chão, para não correr o risco de alguns deles serem impressos em suas revistas. Andou, por muitos e muitos anos, acompanhado pela cachorrinha Manchetinha, com a qual – é verdade – compartilhava algumas de suas mais difíceis decisões.

Quando terminava a construção de um segundo prédio na Rua do Russel, foi pressionado pelos sobrinhos Oscar e Jaquito a alugá-lo. Depois de empurrar o assunto com a barriga por muito tempo, autorizou-os a procurar um inquilino. A Nuclebrás se mostrou interessada, e, apesar de todas as dificuldades que Adolpho ia colocando para a concretização do negócio, finalmente chegou o momento da assinatura do contrato. Coquetel marcado na Bloch. Qualquer evento deveria ser sempre acompanhado por um bom uísque ou vodca russa e um excepcional arenque. A diretoria da Nuclebrás estava presente, mas Adolpho não apareceu. Jaquito, vendo o início do mal-estar, desceu e foi à sala do homem convocá-lo para a cerimônia. Apareceu, então, o nosso patrão com a camisa toda aberta e por fora das calças, junto com a inseparável cachorra. Sentou-se à mesa onde estavam os contratos e segurou o focinho do animal, indagando-lhe se deveria assinar ou não. Manchetinha, muito bem-educada, lambeu com carinho a cara do nosso chefe. Agradecido pela "resposta", Adolpho levantou-se e saiu do salão pedindo desculpas, mas ele e sua cachorra eram contra a transação.

Adolpho tinha profunda admiração por Oscar Niemeyer. O arquiteto havia projetado os dois prédios do Russel: uma escola municipal que a Bloch doara à cidade de Teresópolis e a sede da empresa em Brasília. Pois bem, apesar disso, o velho Adolpho brigava sempre com Niemeyer. O arquiteto ria e fazia piada com o mau humor tão frequente do meu patrão. Um dia, visitando as obras do Memorial JK, que estava em fase final de construção, notou que não havia banheiros suficientes para o público e interpelou o arquiteto: "Pô, Oscar, você nem se preocupa em seus projetos de colocar um simples banheiro para as pessoas!". O amigo, abrindo o maior sorriso, respondeu: "Você tem razão, a forma é a minha verdadeira paixão. Inclusive, para morar, prefiro uma casa projetada pelo Sérgio Bernardes, mas tem que ser em frente a uma construção projetada por mim, pois sei que vou adorar a vista!".

As obras estavam praticamente no final quando foi criada a polêmica da foice. O projeto previa que na frente do prédio seria erguido um grande pedestal para receber a estátua de corpo inteiro do presidente. Ela está lá até hoje e parece que não levou o país ao comunismo, como temiam alguns militares e dezenas de puxa-sacos deles, tendo à frente o então ministro do Exército, general Walter Pires. Os oficiais cismaram que a forma escolhida pelo nosso genial arquiteto era a de uma foice, numa óbvia referência ao símbolo do Partido Comunista, aquele mesmo dos conhecidos comedores de criancinhas, e do qual Oscar Niemeyer sempre foi simpatizante.

Daí em diante começaram a dar ordens para impedir que a estátua de Juscelino fosse colocada, exigindo que a estrutura fosse alterada. Oscar, claro, ao mesmo tempo que se divertia com a história, resolveu fincar pé, recusando-se a alterar o projeto. Ficava a estrutura ou não haveria inauguração de memorial nenhum. A estátua chegou a subir duas vezes, com o auxílio de guindastes do Corpo de Bombeiros de Brasília, mas aí vinha a ordem para que fosse baixada.

Encarregado de negociar com as autoridades uma saída para o ridículo impasse, marquei uma audiência com o ministro Walter Pires. O gabinete ficava no QG do Exército, e da sala dele, abrindo as cortinas, que ele mantinha permanentemente fechadas, podia-se ver claramente a tal estrutura "subversiva". Ele me recebeu, dizendo que apoiava a posição de seus colegas, os quais consideravam um inaceitável deboche a visão permanente da imagem de uma foice. E deixou claro que oficiais graduados haviam notado que, com a estátua de Juscelino fixada na base em forma de foice, num determinado momento do dia ela projetava uma sombra em que nitidamente se via, além da foice, um martelo. Pires não me prometeu nada, mas disse que iria fazer sondagens entre seus pares para decidir o que fazer. Fui, então, para o gabinete do governador de Brasília, coronel Aimé Lamaison, homem cordial e muito amigo do presidente Figueiredo. Ele acabou concordando que a polêmica estava extrapolando e prometeu interceder junto ao presidente para solucionar a questão.

Um dia, o governador foi até o Palácio do Planalto e pegou uma carona com o presidente, que se retirava para sua residência na Granja do Torto, e pediu ao motorista que passasse em frente ao Memorial e sua "diabólica" foice. Contaram-me depois que Figueiredo soltou uns palavrões contra seus colegas de farda e mandou encerrar a discussão, autorizando em definitivo que a estátua, naquele momento provavelmente exausta de tanto sobe e desce, fosse fixada de vez na base criada por Niemeyer.

Era muito divertido trabalhar na Manchete naquela época. A relação de Adolpho com sua mulher, dona Lucy, era estranhíssima. Eles se evitavam ao máximo. Papai me contou a respeito de um café da manhã que tentou tomar no apartamento do casal. Adolpho queria conversar com o velho sobre televisão. Afinal, a concorrência estava avançando e havia uma possibilidade concreta de Adolpho acabar ganhando uma rede para chamar de sua. Convidou, então, o amigo para o tal café. Hora marcada, o velho foi recebido por um mordomo que o conduziu a uma gigantesca suíte, na qual estava dona Lucy. Na saleta, uma mesa com todos os comes e bebes de um farto café da manhã e cadeiras para duas pessoas. Ela sentou-se e pediu que papai fizesse o mesmo, começando a fazer perguntas sobre o mundo da televisão.

Meio constrangido com a estranha situação, seu Flavio perguntou por Adolpho, quando entrou o mesmo mordomo que o havia recebido e disse que o homem o aguardava na sua própria suíte. Dona Lucy fez cara feia e disse: "Vai, Flavio, vai conversar com esse homem, senão ele não sossega". O velho se retirou pedindo desculpas e encontrou Adolpho em sua suíte, sentado a uma mesa muito parecida com a da esposa. A conversa foi sobre as terríveis dificuldades que qualquer empresário enfrentaria, por mais competente que fosse, para montar uma nova rede de televisão e criar uma grade de programação que gerasse audiência e faturamento. Na opinião de papai, só quatro pessoas no Brasil conseguiriam fazer isso: Walter Clark, Boni, Fernando Barbosa Lima e Silvio Santos. Adolpho ouviu, ouviu, agradeceu e encerrou a conversa.

Antes de voltar à concorrência da rede, uma última historinha de Adolpho comigo e que revela um pouco do seu caráter. Uma das revistas mais rentáveis da editora chamava-se *Ele Ela*, famosa pelas suas maravilhosas mulheres nuas e pelo chamado "Fórum", uma seção de cartas em que eram relatados, com riqueza de detalhes, deliciosos casos eróticos. Vivia-se no Brasil o início de um processo que ficaria conhecido como abertura política. No Ministério da Justiça, o senador Petrônio Portella abria o diálogo com as esquerdas, que até aquele momento só falavam ou sofriam suas agruras nos quartéis da repressão. Mas tudo era feito respeitando-se o preceito imposto pelo presidente Geisel: "Abertura, sim, mas lenta, gradual e segura".

Dessa maneira, as sensuais fotos que ilustravam *Ele Ela*, razão principal do sucesso da revista, precisavam ser submetidas à censura prévia. Participei de algumas reuniões muito duras na Divisão de Censura, que ficava no prédio da Polícia Federal, em que discutia com censores mal-encarados se havia excesso de púbis, se os seios estavam muito expostos ou se as bundas homenageadas não sugeriam relações sexuais, digamos, pouco ortodoxas.

Essa mesma revista apresentava uma grande entrevista mensal com personalidades que falavam de suas vidas, seus desejos e um pouco de sua intimidade. Um dos entrevistados foi o jornalista Alexandre Garcia, na época um dos secretários de imprensa do presidente João Figueiredo. Alexandre se abriu, falando tudo o que pensava e fazia, e o título da matéria, sugerido por mim, foi: "Alexandre Garcia: o porta-voz da abertura". Mas, ao ler a matéria escrita pela jornalista Marlene Galeazzi, senti cheiro de problemas para o secretário, pois o texto reproduzia um porta-voz livre, leve e solto demais para os padrões circunspectos exigidos às autoridades naquela época. Tomei o cuidado de ligar e preveni-lo.

Alexandre Garcia, que contou essa história em seu livro *Nos bastidores da notícia*, liberou o material para publicação, não sem antes consultar Heitor de Aquino, a fim de saber se ele via algum problema. Não sei o que ele disse exatamente, mas o fato é que, poucos dias após a circulação da *Ele Ela*, Garcia acabou sendo sumariamente demitido pelo ministro da Comunicação Social, Said Farhat, em razão da enorme onda que os eternos moralistas e hipócritas de plantão fizeram por causa da matéria.

Pois bem, no dia seguinte à demissão, Adolpho me ligou cedo, perguntando se eu já havia contratado Alexandre para trabalhar conosco na Manchete. Disse-lhe que nem tinha pensado no assunto, e o velho gráfico me deu uma lição: "Flavinho, de uma forma ou de outra, nós somos responsáveis pelo que acaba de acontecer com ele. Além disso, estamos precisando de um jornalista competente na nossa redação aí em Brasília. Vamos contratar o homem!". Assim foi o início da carreira de Alexandre na Manchete, que culminaria com sua ida para a televisão e sua transformação num dos mais conhecidos jornalistas do país.

FLAVIO FORA DO AR

Com o fechamento da Rede Tupi, em 1980, meu pai ficou sem espaço na TV. A Globo, por motivos insondáveis, não o convidava para trabalhar na emissora. Restava a Bandeirantes, que naquele momento estava focada em esportes, sob a liderança do competente e saudoso Luciano do Valle. A Record não tinha recursos para competir de verdade – Silvio Santos alugava horários para manter no ar os seus programas de domingo, que sustentavam as vendas do carnê Baú da Felicidade.

Sem seu esporte preferido – um canal em que pudesse atuar – e com a contínua deterioração do estado de saúde de mamãe, seu Flavio mostrava-se deprimido e preso em casa, escrevendo textos que raramente publicava em algum jornal ou revista, criando formatos de programas que gostaria de voltar a fazer, se e quando as coisas melhorassem. Saía apenas para umas rápidas caminhadas na Avenida Atlântica, onde era constantemente abordado por fãs, que indagavam por onde ele andava e por que sumira da TV. Nós nos falávamos quase todos os dias, e de vez em quando ele ia até Brasília passar uns dias comigo.

SEU FLAVIO NA PAULICEIA DESVAIRADA

De repente ele toma a sábia decisão de se mudar para São Paulo, onde o mercado de trabalho sempre oferecia e continua oferecendo mais oportunidades. Dito e feito, duas semanas após desembarcar na Pauliceia Desvairada, ele estreia um programa diário na Rádio Capital, com duas horas de duração, em que conversa com a população sobre seus assuntos favoritos. Algumas músicas, com seus costumeiros elogios e/ou críticas, comentários sobre o momento político, entrevistas com personalidades. O mercado publicitário recebeu muito bem a novidade, o que lhe garantiu uma vida confortável e a retomada de sua carreira de homem de comunicação. Eu via com alívio e alegria o velho, minha mãe, a Nanda e o Washington mais animados, confiantes e felizes com a receptividade e carinho com que o paulistano, sob a liderança da amiga de sempre, Hebe Camargo, os recebeu. Dezenas de novas e sólidas amizades foram construídas em pouquíssimo tempo. Com eles estava ainda Maria do Carmo, ajudante que vinha trabalhando conosco desde o início dos anos 1960, para dividir as tarefas domésticas com Maria Babá, que nos viu nascer, e de lá de casa ambas só saíram para fazer companhia a meus pais no túmulo da família.

Desde que fui morar fora do Rio, as nossas conversas telefônicas tinham dois tipos de abertura: na maioria das vezes, um exuberante "olá, filhão!", dito quando as coisas andavam bem, ou então um sofrido, arrastado e triste "oi, fiiilho!", seguido de um fato que o estivesse machucando. Pois num fim de tarde de 1982, papai me liga no tom maior: "Olá, filhão, acabo de ser contratado pela Rede Bandeirantes de Televisão, para fazer um programa ao vivo, de segunda a sexta, a que demos o nome de *Boa Noite, Brasil*". A remuneração era boa, compatível com a carga de trabalho, que envolvia produzir e apresentar cinco programas semanais. Pronto, o senhor Flavio Cavalcanti voltaria à sua praia, ainda que ela estivesse na capital paulista.

NASCE A REDE MANCHETE

De volta à concorrência. Um dia, eu estava na sala de Heitor de Aquino, mantendo mais uma das inúmeras conversas sobre o andamento dos estudos e discussões no âmago do governo, que estava para decidir quais grupos levariam as duas novas redes de televisão, quando a secretária dele entrou, dizendo que o então governador Paulo Maluf estava na antessala e queria lhe dar um abraço. Heitor pediu-lhe que fizesse Maluf entrar. Eu nunca havia estado com ele, mas o homem me cumprimentou como se fôssemos velhos amigos. E ainda disse a Heitor que, como falara com ele antes, estava torcendo para que os Blochs viessem a ser um dos dois vencedores das redes em disputa. O secretário, sorrindo, disse que ele nunca havia falado aquilo e que, portanto, não viesse com aquela história de tornar a dizer. Maluf, com a sua proverbial cara de pau, não perdeu o sorriso: "Olha, se eu não disse, deveria tê-lo dito".

Naquele dia, o secretário do presidente me chamava a atenção para o fato de Adolpho nunca ter ido ao palácio conversar com o presidente sobre a concorrência; afinal, ele era o dono da empresa. Anotei e logo formamos uma comissão para a audiência com Figueiredo: Adolpho Bloch, sua mulher, Lucy, Oscar, Jaquito e eu. O presidente estava num de seus dias de bom humor e se divertiu com a conversa de Adolpho, que, já entusiasmado com a programação da futura rede, citava os artistas que estariam atuando permanentemente. Coisa de Primeiro Mundo: o maestro Claudio Abbado, o balé Bolshoi, o diretor Franco Zeffirelli, o violoncelista e maestro Mstislav Rostropovich e outros mais, do mesmo naipe. Figueiredo, rindo, disse que estava tudo ótimo, mas pediu a Adolpho que não deixasse de colocar artistas brasileiros no elenco de vez em quando.

Às cinco da manhã de uma sexta-feira de janeiro de 1981, tocou o telefone. Atendi, meio estremunhado. Era Rômulo Furtado, secretário-geral do Ministério das Comunicações. Pediu desculpas pelo horário, dizendo que precisava, ainda naquela manhã, ter uma conversa com os Blochs sobre a concorrência. Brinquei com ele, dizendo que, se era para dizer que não iríamos ganhar a rede, melhor seria poupar Adolpho do aluguel de um jatinho para vir a Brasília. Furtado respondeu, dizendo que tinha uma proposta em nome do governo para nos fazer.

Acordei Oscar, no Rio, e ele resolveu vir sem Adolpho, pois, se fosse preciso tomar alguma decisão difícil, teríamos como ganhar tempo, informando que ainda precisávamos consultar o homem. Às dez horas estávamos na casa do secretário, no Lago Sul. Ao entrar, cruzamos com Silvio Santos e dois assessores. Sorrisos amarelos, cumprimentos rápidos ao concorrente e fomos para o escritório, para ser informados de que o governo tinha a intenção de redistribuir as emissoras que estavam sendo licitadas e que, em vez de duas novas redes, seriam criadas três. Para isso, o grupo de emissoras que a Manchete ganharia incluiria Rio, Recife, Fortaleza e Belo Horizonte. Não teríamos São Paulo, portanto.

Oscar ficou muito nervoso, mas sem perceber, no primeiro instante, a ausência do braço paulista, disse não ver muito problema em aceitar a proposta. De qualquer maneira, precisava falar com Adolpho antes de aceitar, porque era preciso ganhar tempo para estudar mais cuidadosamente a proposta. Rômulo, porém, tinha pressa. Disse que a resposta deveria ser imediata, pôs um telefone à disposição e saiu da sala para que falássemos com o chefe. Sozinhos, alertei Oscar de que achava uma loucura formar uma rede de televisão sem uma emissora em São Paulo. Podíamos negociar uma das outras praças, mas nenhuma rede de televisão que se pretendia forte e nacional seria viável sem a presença garantida nos dois maiores mercados, São Paulo e Rio. Ligamos para

Adolpho e dei minha opinião. Ele concordou e nos autorizou a informar que a Manchete, sem a emissora de São Paulo, preferia sair da disputa.

Aí, foi o secretário que ficou nervoso, dizendo que comunicaria nossa decisão ao presidente Figueiredo. Saímos da casa em direção ao aeroporto, para o retorno de Oscar ao Rio. Silêncio pesado no carro. Acabávamos de ver morrer um sonho que esteve perto de se realizar. Porém, tive um estalo: pedi ao motorista que desse meia-volta e nos levasse ao Palácio do Planalto. Oscar ficou curioso e expliquei: às sextas-feiras, o presidente nunca ia ao palácio, portanto, o movimento estaria pequeno e poderíamos conversar com Heitor de Aquino sobre a reunião que acabáramos de ter.

Como imaginei, o secretário do presidente estava disponível e nos recebeu imediatamente. Contamos tudo, explicando a razão da recusa. Parecendo muito surpreso, ele pegou o telefone e passou a convidar algumas pessoas para uma reunião, que chamou de "uma emergência". Chegaram, então, os generais Golbery (Casa Civil), Octavio Medeiros (SNI) e o ministro Delfim Netto (Planejamento). Fomos conduzidos a uma pequena sala de reuniões, e me lembro bem de que o general Golbery chegou muito curioso com o motivo da convocação e, quando nos viu, ficou ainda mais confuso.

Heitor pediu que relatássemos tudo. Nós estávamos muito nervosos. Peguei, então, uma folha de papel e listei como ficaria a distribuição das novas redes, como tínhamos havia pouco ouvido de Rômulo Furtado: Silvio Santos levaria as emissoras em São Paulo, Belém, Porto Alegre e Rio de Janeiro – esta última ele já possuía desde 1976; o grupo Capital, de Edvaldo, ficaria com emissoras em São Paulo, Rio de Janeiro e Recife; finalmente, a Manchete ficaria com Rio, Fortaleza e Belo Horizonte. Repeti que não havia jeito de nos viabilizarmos como rede sem a praça de São Paulo. Golbery olhou para Octavio Medeiros e, com uma simples frase, encerrou a reunião: "Não era isso que havíamos combinado". Em seguida, pedindo que não falássemos sobre o assunto com ninguém, avisou que dentro de poucos dias teríamos novidades.

Sem entender bem o que realmente estava acontecendo, seguimos, agora sim, para o aeroporto, com o coração na boca. Dias depois, fomos chamados por Golbery, que nos informou ter havido um engano de Rômulo Furtado e que, na verdade, a Manchete receberia a concessão com os canais do Rio e de São Paulo incluídos. Mais: no dia seguinte, seria publicado no *Diário Oficial* o decreto do presidente nesse sentido. Soubemos, também, que Silvio Santos havia recebido a outra rede. Fomos para minha casa curtir o prazer de comunicar a Adolpho que aquele imigrante russo chegado ao Brasil com 17 anos, com uma mão na frente e outra atrás, havia se tornado proprietário de uma rede de televisão. Enquanto ligava, Oscar pegou um copo com dados de jogo de pôquer e, distraidamente, virou-o sobre a mesa, obtendo um inacreditável *five* de ases. Era o nosso dia!

Fomos avisados de que Adolpho embarcara para São Paulo, onde daria uma recepção, naquela noite, para alguns empresários na lindíssima Casa da Manchete, nos Jardins, zona oeste de São Paulo, e para lá nos dirigimos. Foi duro segurar a língua até a hora de ficar a sós com o homem. Estabelecemos um clima meio teatral e, após abrir uma garrafa do espetacular Taittinger, cumprimentamos o novo proprietário de uma rede de televisão. Suas feições deram uma clara demonstração de felicidade, mas ele ficou algum tempo em silêncio, olhando para um e outro. Quando abriu a boca, nos deixou perplexos: "Nós todos estamos de parabéns, mas talvez hoje a Bloch tenha começado a quebrar. Não sei se terei tempo de obter na televisão o mesmo sucesso que conseguimos nas nossas outras empresas". Fomos dormir no Hotel Maksoud, frustrados com o anticlímax e a premonição agourenta do velho Adolpho.

A passagem dos anos mostrou que o velho, mais uma vez, estava certo. A Rede Manchete, melancolicamente, sucumbiu ao peso de dívidas impagáveis. Mas aquele ainda era um tempo de esperança, e calamos sobre a profecia. Afinal, tínhamos um trabalho gigantesco pela frente, o de colocar, no exíguo prazo de dois anos, cinco estações de televisão no ar. Para tocar o projeto, foi contratado Rubens Furtado, um dos melhores profissionais do ramo. Eu, em Brasília, continuei responsável pelas negociações com o governo federal. Precisávamos assinar o contrato de concessão e aprovar o projeto de instalação de cada uma das emissoras.

Certa manhã me ligou Mário Albino, presidente do Grupo Silvio Santos, que, em companhia de seu diretor jurídico, Luiz Sandoval, queria conversar com os Blochs sobre a concessão que ambos haviam acabado de ganhar. Temiam ter identificado um grave problema na minuta do contrato que estávamos em vias de assinar. Adolpho marcou o tal encontro para o dia seguinte, na sede da Manchete. Na hora agendada e na sala de reunião, pouquíssimas vezes utilizada, estavam os "vendedores de carnês", como, com certa arrogância, os avaliávamos.

Quadros de Volpi, Teruz, Guignard e Di Cavalcanti – obras de arte dos maiores pintores e escultores contemporâneos brasileiros, uma paixão de Adolpho – testemunharam a conversa. Sandoval e Mário Albino repassaram a minuta do contrato que o Ministério das Comunicações havia enviado. Nossas minutas eram muito parecidas, e ambas continham cláusulas que, segundo eles, não deixavam claro que não ficaríamos livres do gigantesco passivo das Emissoras Associadas, havendo uma chance de a Justiça nos declarar sucessores da Rede Tupi. Por essa razão, pediam solidariedade para que também não assinássemos o tal contrato enquanto a questão não ficasse esclarecida. Meio desconfiados, achando que o pessoal do Silvio estava querendo colocar pelo em ovo, pedimos tempo para estudar o caso com nossos advogados. Mas os homens tinham razão: o contrato de concessão, se assinado como estava na minuta, nos levaria, certamente, a centenas de ações judiciais dos inúmeros credores e funcionários da antiga Rede Tupi.

Reabriu-se, com essa constatação, um duro período de negociações com as diversas áreas do governo em busca de uma fórmula que nos livrasse daquela ameaça. Reuniões mortalmente tediosas, tentando atravessar aquele cipoal de expressões jurídicas que só mesmo advogados entendem. Essa fase, que se arrastou por cerca de seis meses, me aproximou muito dos principais executivos do Grupo Silvio Santos. Finalmente, em agosto de 1981, a Bloch e Silvio assinaram os tão sonhados contratos. As emissoras de Silvio transmitiram a cerimônia, dando ali início à sua programação, o que caracterizava fato inédito no mundo todo: uma rede de televisão entrando no ar no mesmo dia da assinatura de seu contrato de concessão.

E LÁ VOU EU...

Eu não sabia ainda, mas minha saída da Bloch estava por dias. Aos poucos, fui retomando a rotina como diretor regional da editora. Após dois anos perseguindo um sonho, ele começava a virar realidade nas mãos de Rubens Furtado e sua equipe. Como nada entendo de projetos de engenharia de televisão, era natural que voltasse a cuidar do faturamento da empresa. A verdade é que o terrível e insidioso vírus da televisão havia, novamente, se manifestado. Pensei que estivesse curado, mas a participação na conquista da nova rede me deixou absolutamente vidrado para trabalhar por trás da telinha, coisa que, no máximo, iria acontecer na Manchete, no efetivo início da sua operação. Vender anúncios para as revistas da casa e serviços gráficos passou a ficar tão desinteressante, com todo o respeito, quanto assistir a uma partida de juniores entre Madureira x São Cristóvão.

No final de setembro de 1981, o desfecho: recebi um magro contracheque, verificando, espantado, que a parte variável da remuneração, referente às comissões sobre vendas, havia sido excluída. Imaginando tratar-se de um engano, liguei para a sede no Rio e fui avisado de que Adolpho resolvera não creditar minhas comissões, por entender que, estando tão ligado aos problemas da TV, eu não estava atuando nas vendas. Bem, no mínimo, não era o prêmio que eu esperava, e fiz a única coisa que me cabia fazer: liguei para o próprio Adolpho e me demiti na mesma hora. Bem, não foi tão simples. O fato é que perdi a cabeça e o mandei àquela parte. Arrependi-me quase imediatamente, afinal, por pior que tivesse sido aquele momento, não poderia ter me esquecido do apoio que ele me dera, cinco anos antes, além da confiança que depositara em mim o tempo todo.

De qualquer maneira, estava feito. Fui para casa e disse a Suzana que havia saído da empresa, conseguindo, como sempre, todo o apoio da minha esposa. Não tinha muitas dúvidas de que acharia, sem grandes dificuldades, outro lugar para trabalhar; afinal, meu nome de executivo na área de comunicação estava consolidado. Foi melhor do que eu esperava, e o desemprego durou menos de 24 horas. No fim da tarde daquele mesmo dia, veio um telefonema informando que Mário Albino e Sandoval estavam na Manchete de Brasília para falar comigo. Combinei encontrá-los no aeroporto, pois iriam retornar a São Paulo, e comentei com Suzy: "Meu bem, estou indo encontrar o pessoal do Silvio Santos e serei convidado para trabalhar com eles". A negociação durou quinze minutos e voltei para casa como diretor do grupo em Brasília. No dia 10 de outubro de 1981, saí da Manchete. No dia seguinte comecei a trabalhar no Grupo Silvio Santos. Pois é, Deus pode até não jogar, mas como fiscaliza!

Fui ao Rio me despedir do pessoal da Manchete e acabei tendo um constrangedor encontro com Adolpho, que demonstrava claramente um misto de perplexidade e mágoa com minha saída. Parte da indenização, como de praxe na Bloch, foi paga com passagens aéreas (fruto de permuta, é claro). Suzana e eu fomos curtir uns dias nos Estados Unidos para esfriar a cabeça e nos preparar para uma nova fase das nossas vidas.

Naquele tempo, confesso, eu tinha uma imagem estupidamente elitista em relação a Silvio Santos e seus companheiros de trabalho – a do camelô que havia dado certo na vida, um vendedor de carnês. Aos poucos, fui descobrindo como estava errado. Dentro da cabeça daquela gente, quase todos de origem humilde, havia competentes executivos com muita garra, talento, seriedade e organização. Todos perseguindo, com obstinação, a meta de fazer o grupo crescer e ter uma rede de televisão popular e rentável. Aos poucos fui encontrando meu espaço e me acostumando com o fim dos almoços com ministros nas sedes manchetianas, iate para passeios na Baía de Guanabara, casas maravilhosas em Teresópolis etc. A franciscana sede do SBT, na Vila Guilherme, em São Paulo, era um chocante contraste com os dois luxuosos prédios do Russel, projetados por Oscar Niemeyer, e sua deslumbrante vista, e com as casas da Manchete, em São Paulo e Brasília. O galpão onde estávamos instalados, entre outros problemas, inundava com as frequentes cheias do rio Tietê. Nossos telejornais chegaram a ser apresentados por locutores com a água pelas canelas, dentro dos estúdios.

Minha tarefa prioritária era representar em Brasília a Rede SBT, que nascia, e, quando necessário, também ajudar a conectar os executivos de outras empresas do grupo, como o Baú da Felicidade e a Liderança Capitalização, aos órgãos federais. Saímos do zero, a começar pelo aluguel e instalação da nossa sede. Nos primeiros meses a minha casa era o escritório. Na realidade, não havia muito a fazer. Um ou outro documento do Ministério das Comunicações, cuja tramitação tentava agilizar, e pouca coisa mais. Lembro-me bem de ver minha secretária, a mesma Rita, da Manchete, fazendo tricô tranquilamente, durante o expediente, enquanto eu ficava lendo livros, à espera de um chamado de São Paulo. No início de 1982, lia a miserável vida de Kunta Kinte e seus descendentes, contada no esplêndido *Negras raízes*, de Alex Haley. Herdei da mamãe, Belinha, o prazer da leitura. Ela foi uma das pessoas mais cultas que conheci. Falava seis idiomas. Na juventude, chegou a ser concertista de piano. Seu primeiro concerto, acredite, foi aos 6 anos de idade. Aos 9 anos prestou vestibular para a Escola Nacional de Música, onde ingressou, tendo conquistado o primeiro lugar.

Mamãe deve ter lido tudo o que interessa na literatura brasileira e universal. Quando eu digo ler, não se trata de apenas ter lido, mas retido em sua mente privilegiada o conteúdo, o estilo e sua crítica pessoal sobre cada um dos milhares de livros que lhe serviram de companhia durante uma vida carregada de problemas com a saúde. Graças a ela, como dizia, fui me tornando mais ou menos íntimo dos grandes contadores de histórias. A leitura, inclusive, me serviu de companhia, ajudando a superar a terrível chatice das intermináveis horas que sempre passei dentro de um avião.

Mas, voltando ao que interessa, nossa emissora afiliada na capital federal era a TV Brasília, uma das poucas televisões que havia restado da rede dos Diários Associados. Cabia a ela, inclusive, a responsabilidade de comercializar a Rede SBT, o que me contrariava, pois tinha convicção de que deveríamos fazer esse trabalho diretamente, sem intermediários. O fato é que, após o primeiro ano de SBT, eu estava ficando de saco cheio. Não bastava um bom salário; queria, também, enfrentar desafios, e eles eram escassos naquele momento.

Fui a São Paulo falar com Silvio Santos, que me recebeu em seu escritório no Ibirapuera. Sem rodeios, falei da frustração de não estar me sentindo realmente útil a suas empresas e pensando em sair. Silvio custou a entender que eu não estava pleiteando um aumento de salário, mas de trabalho. "Eu ganho muito para o que estou fazendo e pouco para o que posso fazer", disse, para espanto do patrão, que, em seguida, perguntou o que eu queria fazer. Depois de uma hora de conversa, saí com a comercialização da rede em Brasília na mão, além da missão de viabilizar um telejornal que ele estava pensando em criar, o *Noticentro*, que acabou sendo o nosso primeiro noticiário, com poucos recursos técnicos e de pessoal e dirigido por um grande profissional, Arlindo Silva.

Vendi o patrocínio para a Caixa Econômica Federal, e iniciamos a contratação de uma equipe de jornalistas em Brasília, para cobrir o mundo político e econômico da capital. Como gerente comercial, chamei Sônia Moura, que já conhecia como produtora de modas da revista *Desfile*; para editor regional em Brasília, convidei Alexandre Garcia, que brilhava na Rede Manchete. Convite feito, convite aceito, mas a contratação não aconteceu: seu Adolpho ameaçou consumar, dessa vez, sua enésima ameaça de suicídio, e Alexandre não teve como resistir a apelos com essa carga de dramaticidade. Esse incidente acabou também provocando um estremecimento na minha amizade com Oscar Bloch. Mesmo após minha traumática saída da Manchete, continuei muito chegado a ele, apesar de reconhecer não ser o Oscar um sujeito muito fácil, mas ele gostava muito de mim. Pois o meu amigo iria casar, por aqueles dias, uma de suas filhas, a Evelyne, com um dos herdeiros da milionária família Safra. Estávamos, Suzy e eu, devidamente convidados para a cerimônia e nos preparando para ir ao Rio de Janeiro, quando recebemos o telefonema de um assessor, dizendo que os Blochs passaram a me considerar *persona non grata* na cerimônia, em virtude da minha tentativa de tirar o Alexandre da Manchete. Os Blochs eram mesmo passionais. Acabei jantando na casa do meu ex-futuro editor de jornalismo, e brincamos que ele bem que poderia estar se casando com a Evelyne, pois os dois haviam tido um ligeiro romance um tempo atrás. No dia seguinte, fomos impactados com a notícia da tragédia que ocorreu no fim da festa, com a estúpida morte de Cláudia, irmã mais moça da noiva, vítima de um gravíssimo acidente de automóvel.

Com o fracasso da contratação de Alexandre Garcia, parti para outro nome, o do jornalista Carlos Henrique, que atuava na TV Globo como um dos principais repórteres do *Jornal Nacional*. Ótimo profissional, mas cuja baianidade quase me matava de susto: todo dia me dava a impressão de que não conseguiria cumprir seus prazos e colocar o jornal no ar na hora certa. Bobagens de estressado, pois tudo saía a contento: Carlos era extremamente competente e fazia as coisas acontecerem.

BOA NOITE, BRASIL

Papai havia retomado o grande prazer de sua vida. Estava à frente das câmeras, apresentando seu novo programa, o *Boa Noite, Brasil*, na Rede Bandeirantes, que ia ao ar de segunda a sexta. Foram criadas duas equipes para dar conta da pesada tarefa. Uma produzia os programas de segunda, quarta e sexta, e a outra, os de terças e quintas. Ele estava feliz, mas exausto. Não é mole fazer um programa diário na televisão, principalmente para um eterno insatisfeito como ele, que nunca se contentava em fazer um programa apenas razoável. Mas seguia feliz, passando os dias em seu escritório, que erguera num anexo da casa, criando, escrevendo e comandando sua equipe. Após quase dois anos mantendo de pé os cinco programas, um dia ele me disse que estava ficando preocupado com os atrasos de salário. Sina do velho, que já vivera problemas desse tipo na Tupi, na Excelsior e na Continental. Mas, todo animado, me contou que a Rede Globo estava interessada nele e pediu que eu participasse das negociações. Um pouco constrangido – pois eu era executivo da concorrente –, liguei para Renato Pacote, diretor da Globo. Pela conversa, tive a nítida impressão de que eles não tinham ainda um projeto pronto e acabado para o aproveitamento do meu pai na emissora.

Liguei então para Silvio e perguntei se ele não gostaria de ter Flavio Cavalcanti de novo na sua emissora. Papai já havia trabalhado com ele em 1976, na TV Studios do Rio de Janeiro, relançando o *Um Instante, Maestro*, mas parou após três meses porque a emissora não conseguira viabilizar a infraestrutura para uma produção com um mínimo de qualidade. O velho tentou liberar Silvio do contrato, mas este não admitiu. Assim, papai passou os nove meses restantes recebendo na sua casa de Petrópolis, mensalmente, a visita de um portador da emissora, que entregava o cheque do seu pagamento.

Com sua costumeira franqueza, SS disse que não queria. Que meu velho era um criador de casos, fazia exigências descabidas e, por fim, que o SBT era muito pequeno ainda para uma segunda estrela, só cabendo uma, no caso, ele próprio, é claro. Não adiantou argumentar que Flavio só criava caso, mesmo, quando passava meses sem receber, e que as exigências em torno da produção eram normais e com os pés na realidade, todas elas em busca de uma melhor qualidade dos programas. Silvio terminou a conversa dizendo que iria pensar. Uma hora depois ligou, indagando quanto o velho queria para fazer um programa semanal, autorizando-nos, a mim e ao Luciano Callegari, a iniciar os entendimentos. Pensa rápido o Silvio, não?

Flavio, de início, também reagiu muito mal à ideia de trabalhar no SBT. Disse que naquela rede só havia espaço para o próprio Silvio, que temia ser sabotado e outras bobagens do gênero. No fundo, era um choque de vaidades dos dois, que disputavam entre si o posto de melhor apresentador da televisão brasileira. E eram mesmo, cada um dentro do seu estilo. Apesar das dificuldades geradas pelo gigantesco ego de ambos, formatamos um contrato que acabou sendo assinado.

Nessa extensa negociação, um parto dificílimo, vivi uma situação que tinha alguns toques de pastelão. Havia algumas cláusulas sobre as quais não conseguíamos obter a concordância das duas estrelas. Da sala de Luciano Callegari e na presença dos advogados da empresa e de Ricardo Scalamandré, então nosso superintendente comercial, fiquei com o velho e com Silvio, cada um numa linha telefônica. Silvio me dizia: "Não te disse, Flavinho, que seu pai é muito complicado? Eu não mudo uma vírgula do que já falei. Se ele quiser assinar, assina agora ou esquece o SBT". E eu, para o velho, na outra linha: "Pai, o Silvio está ponderando que talvez fosse melhor não mexer nessa cláusula. De qualquer maneira, está muito feliz com a sua vinda para a nossa emissora e espera que você também fique". O velho, de volta: "Olha, não admito ser enrolado! Ou ele concorda em colocar essa cláusula ou quero que o SBT e ele se danem!". Voltei ao Silvio: "O papai me pediu para que eu fosse conversar com ele à noite, a fim de discutirmos esses pontos com calma, e te faz um apelo para ter um pouco de paciência com ele, que está muito machucado com a série de problemas que enfrentou no passado. Eu te asseguro que até amanhã trago o contrato assinado". Silvio, encerrando: "Está bem, aceito as ponderações dele. Mas veja se resolve esse contrato até amanhã". Dureza!

Os últimos três anos de vida do papai foram passados no SBT, onde foi muito bem tratado e, tenho certeza, foi muito feliz. O *Programa Flavio Cavalcanti*, apesar de produção mais modesta do que aquela do início da década de 1970, mantinha excelentes índices de audiência e, não menos importante, tornou-se um dos carros-chefes do faturamento da casa.

O trabalho em Brasília seguia muito bem, e comecei a ajudar José Eduardo Marcondes, diretor de rede do SBT, a ampliar pelo Brasil o número de afiliadas. A grande maioria das emissoras de televisão espalhadas pelo país, como quase todo mundo sabe, pertence a políticos ou a seus parentes, e eu conhecia todos. Participei, ao lado do Zé Eduardo, da afiliação de emissoras em Pernambuco, Alagoas, Ceará, Sergipe, Piauí, fazendo dezenas de viagens a esses estados. Um dia, soube que seria aberta a concorrência para um novo canal em Ribeirão Preto (SP) e liguei imediatamente para Silvio, propondo disputarmos a concessão. Ele adorou a ideia, consciente da importância de aumentar a cobertura da rede no interior de São Paulo.

A essa altura, não podia contar mais com as dicas que Heitor de Aquino me dava nos tempos em que trabalhava na Manchete. Ele havia deixado a secretaria particular do presidente Figueiredo, depois de uma nunca bem-explicada história de equipamentos de escuta no gabinete do chefe da nação. Quem me ajudou a levar os novos pleitos ao presidente foi o seu ajudante de ordens, coronel Dias Dourado. Figueiredo gostava muito de Silvio e não foi muito difícil convencê-lo a lhe dar mais essa concessão. Logo que o ato foi publicado no *Diário Oficial*, Silvio, que estava em viagem, pediu que, quando passasse por

São Paulo, eu não deixasse de dar um pulo em seu escritório. Fui, e à minha espera havia um gordo envelope, com um simpático cartão de agradecimento. Silvio achava que ajudá-lo a conseguir novas emissoras era um *plus* que ultrapassava as obrigações do cargo que eu exercia.

Eu estava gostando muito dessa brincadeira de ganhar emissoras de televisão, e logo, logo fui avisado sobre uma nova concorrência de um canal em Brasília mesmo. Ora, aquela era minha praça, seria ótimo dirigir uma emissora de verdade, e não um escritório de representação. Só que Silvio Santos, desta vez, não quis participar da nova disputa, porque já contava com uma afiliada na capital federal, a TV Brasília, e preferia concentrar esforços e investimentos na ampliação da rede no estado de São Paulo, pela importância do seu mercado.

Argumentei que nenhuma rede de televisão seria realmente forte se não tivesse uma emissora própria em Brasília. Desconfiava ainda que, com a entrada da Rede Manchete no ar, estaríamos correndo o risco de a TV Brasília nos deixar falando sozinhos, passando a transmitir a programação da nova rede. Por fim, Silvio me autorizou a participar da concorrência, mas avisou que não iria pedir a emissora ao presidente, que acabara de lhe entregar Ribeirão Preto. Entramos na disputa. Após várias conversas e contando novamente com a ajuda do coronel Dias Dourado, fui autorizado a dizer a SS que ele ficaria também com o canal de Brasília. Agradecido, o homem partiu feliz para sua temporada anual de esqui em Aspen, no Colorado.

As coisas, porém, se precipitaram de um outro modo. Num telefonema, Carlos Átila, secretário de Comunicação Social da presidência, me chamou para uma conversa. O encontro foi terrível. Átila disse que o presidente estava muito constrangido, mas teria de cancelar sua promessa de nos dar o canal de Brasília. O canal, segundo Átila, estava prometido havia muito tempo a João Saad, da Bandeirantes, e Figueiredo havia esquecido o compromisso. Ficaria, portanto, o dito pelo não dito, e o SBT não teria seu canal na capital. Não mesmo? Átila pediu, ainda, que lhe desse o telefone de Silvio em Aspen, pois o presidente fazia questão de dar diretamente a ele as explicações sobre o ocorrido.

Alguns dias depois, Figueiredo foi internado na Casa de Saúde São José, no Rio, para operar a coluna, que estava em pandarecos. Como habitualmente eu ia ao Rio nos fins de semana, resolvi passar na clínica para deixar registrados os votos de recuperação. Lá, encontrei os assessores mais próximos do presidente, entre eles o saudoso general Rubem Ludwig, para mim uma das melhores figuras do Exército brasileiro naquela época. Encontravam-se ali, também, o próprio Átila e mais duas ou três pessoas.

Após os votos de melhoras de praxe, falei com Átila da minha tristeza pelo fato de o SBT não receber o tal canal de Brasília. Ludwig, ouvindo a conversa, interveio, informando a Átila que, durante sua passagem pelo Ministério da Educação, tomara conhecimento de que no plano de radiodifusão do país havia um canal reservado na capital para uma futura televisão educativa. Como o governo já dispunha de um canal na cidade, a TV Nacional, ele considerava sem sentido ter uma segunda estação oficial. E concluiu: "Se o presidente quiser, o Ministério das Comunicações e o MEC baixam uma portaria abrindo mão desse canal educativo. Com isso, ficaria viabilizado mais um canal comercial e nós poderíamos atender, ao mesmo tempo, a Bandeirantes e o SBT". Átila comprometeu-se a falar na manhã seguinte com o convalescente presidente. Dito e feito; fui avisado de que estava sendo preparada a tal portaria e que podia ligar para Silvio, comunicando-lhe que ele teria seu próprio canal em Brasília, juntamente com João Saad.

Nós nos encontrávamos em pleno processo de transição política. O sonho das Diretas Já, apesar da comoção nacional que provocou, havia micado. Vários candidatos se apresentaram para a sucessão, por meio de eleição indireta, para substituir o último general presidente. Todos eles do PDS, partido majoritário de onde, certamente, deveria sair o primeiro presidente civil do Brasil em mais de vinte anos: Aureliano Chaves, nosso vice-presidente; Hélio Beltrão, competente e preparado ministro da Desburocratização; Mário Andreazza, o homem das grandes obras rodoviárias, como a Transamazônica e a Ponte Rio-Niterói; Paulo Maluf, governador de São Paulo, e ainda o senador Marco Maciel, meu amigo. Cheguei a levar Maciel a um encontro na casa de Silvio, no Morumbi, que o recebeu para um jantar. Suzana e eu apanhamos Marco com sua senhora, Ana Maria, e um casal de amigos, o deputado federal José Mendonça e senhora. A conversa rolava macia, até o momento de Silvio indagar ao meu amigo quais eram as atribuições de um senador da República. Marco deu então as clássicas explicações, extraídas da própria Constituição Federal. Silvio achou aquilo muito acadêmico, e fez ares de que considerava que um senador não tinha muita coisa para fazer. Mudamos rapidamente de assunto e passamos a elogiar o delicioso *filet à sauce béarnaise* que começava a ser servido.

Mas, na verdade, o grande nome da sucessão viria a ser Tancredo Neves. O ciclo "revolucionário" chegara à exaustão. Após seis longuíssimos anos, o governo do general João Figueiredo se aproximava do fim. Não tenho a menor dúvida de que ele era um homem de bem, um pouco estabanado, talvez, mas de bem. Entre seus méritos, a conclusão do projeto de abertura, iniciado pelo seu antecessor, mesmo sofrendo terríveis pressões da chamada linha-dura das Forças Armadas, que resistia nos subterrâneos do poder e engendrara a maluquice do atentado ao Riocentro.

Conheci o futuro presidente Tancredo quando ele ainda era senador, antes de ser eleito para o governo de Minas, em 1982. Tinha por ele, como quase todo mundo, grande simpatia e respeito. Seu decantado estilo mineiro de fazer política, de conversar ao pé do ouvido, contornando confrontos, articulando consensos inimagináveis, apaixonou toda a nação, que se atirou em seus braços, dando-lhe a mesma legitimidade de um presidente eleito pelo voto popular. Tivemos duas ou três conversas, que me marcaram profundamente. A primeira foi após uma entrevista que deu à revista *Manchete* em seu gabinete no Senado, quando me convidou para uma pizza no Casebre 13, tradicional cantina italiana da capital, que fazia a melhor pizza de gorgonzola do país.

Durante o jantar, Tancredo perguntou um pouco sobre minha vida e sobre meu pai, mas logo entrou em seu tema favorito, o mundo da política. Antecipou, então, com uma impressionante margem de acerto, o seu destino. Primeiro, disse, seria eleito governador de Minas. Nunca conseguira digerir a derrota sofrida anos antes para Magalhães Pinto. Considerava que os mineiros tinham uma espécie de dívida para com ele, e iria cobrá-la. Mas, continuou, o pior viria depois. "Vão querer me fazer presidente da República, na sucessão do Figueiredo, e eu temo que não terei idade nem saúde para aguentar a parada." É, parece que uma das sinas da minha vida é ouvir más profecias, que, infelizmente, acabam por se concretizar. Lembra-se daquelas feitas por Adolpho páginas atrás?

O PRESIDENTE QUE NÃO PRESIDIU

Em meados de 1983 fui a Belo Horizonte, juntamente com meu colega, o jornalista Carlos Henrique, assistir ao lançamento da candidatura do vice-presidente, Aureliano Chaves, à sucessão do general Figueiredo. Depois da solenidade, na Assembleia Legislativa, fomos almoçar na residência do deputado Israel Pinheiro. Sentia-se claramente, nos cochichos, que as chances de Aureliano sair candidato pelo PDS eram muito pequenas.

Após o almoço, resolvemos visitar o governador mineiro, que nos recebeu com a costumeira simpatia, mostrando logo muita curiosidade pela festa na Assembleia. Contei que havia sido ótima, com a presença de várias personalidades, como o ex-presidente do partido, Francelino Pereira, o ex-ministro fulano de tal, o ex-governador beltrano etc. E Tancredo, sibilino: "Meus amigos, vocês não acham que tinha muito ex nessa festa?". Ali ficamos convencidos de que Aureliano, realmente, não tinha nenhuma chance. De qualquer maneira, matreiro, sabendo que eu me encontrava frequentemente com o vice, pediu que não deixasse de lhe transmitir sua disposição de apoiá-lo na postulação, a partir do momento que obtivesse a legenda do PDS para concorrer. Tancredo, a raposa das raposas, sabia que aquilo seria impossível, mas não era homem de caçar inimizades.

Quase um ano depois, com a sucessão já definida, tentei convencer Silvio Santos a ir a Brasília conhecer o futuro presidente Tancredo Neves. Ele relutou, não queria passar por ingrato ao general Figueiredo, de quem era amigo, e a quem devia a conquista da rede de televisão que estava implantando. Ponderei que não via nenhum problema em conversar com Tancredo, mas seria gentil se ele ligasse para o seu amigo presidente e indagasse se ele se incomodaria. Como imaginei, Figueiredo disse a Silvio que fosse, sim, ao encontro. E encerrou a ligação com uma brincadeira, bem ao seu estilo: "Silvio, vá logo, pois você já está atrasado. Só te peço uma coisa: se você quiser tancredar, tancrede, mas sem me machucar". Com juras eternas de fidelidade – juras que, é forçoso dizer, cumpriu escrupulosamente ao longo dos anos. SS despediu-se do general e me autorizou a marcar o encontro, com a ressalva de que deveria ser o mais discreto possível.

Após falar com o neto de Tancredo – sim, ele mesmo, Aécio Neves –, fomos convidados para um café da manhã na casa do homem. Silvio chegara na véspera, à noite, e no dia seguinte, bem cedo, rumamos para o encontro. Lá, para minha surpresa, encontramos, além dos donos da casa, o então governador da Bahia, Antônio Carlos Magalhães, e o jornalista e publicitário Mauro Salles. Adeus, discrição. A conversa começou em clima de tietagem, proporcionada pelas domésticas e moradoras do prédio, avisadas da visita do seu ídolo pela empregada do próprio Tancredo. Foi difícil chegar ao elevador, com o local apinhado de gente. Lembro-me bem de ter olhado para cima e visto Tancredo rindo, da janela de seu apartamento, assistindo à insólita cena. Após uma sessão de autógrafos, beijos e abraços, foi servido o café da manhã e a conversa rolou, com jeito de bate-papo sem compromisso.

Terminado o café, o anfitrião fez um sinal para o neto, e, como que por encanto, desapareceram os demais convidados, ficando na sala apenas nós três – Tancredo, Silvio e eu. Apliquei, com entusiasmo, o sábio preceito mineiro e "fiquei rouco de tanto ouvir." E o que ouvi me impressionou muito. Conhecia, já relativamente bem, meu novo patrão e sabia da sua sinceridade, que muitas vezes resvalava pelas fronteiras da grosseria. Silvio, com a maior tranquilidade, disse ao futuro presidente que relutara muito em ir ao encontro por temer magoar o presidente que saía, de quem se declarou amigo eterno. Mais: contou que havia consultado Figueiredo sobre a conveniência da reunião e relatou a resposta recebida. Enquanto falava, Tancredo ia enrolando a gravata até o pescoço e, mesmo olhando para o chão da sala, prestava muita atenção. Silvio prosseguiu, dizendo ter convicção da importância do apoio que ele, Tancredo, estava recebendo da Rede Globo, mas esperava que tivesse boa vontade com os eventuais pleitos do SBT. Não reivindicava privilégios e garantia que jamais pediria qualquer coisa indecorosa.

Era, de fato, uma situação estranha, ainda mais que SS não chamava ninguém de senhor, doutor e, muito menos, Excelência. E não parava de falar. Garantiu que não queria mais nenhum canal de TV e, sobre verbas publicitárias do governo, assegurou que nunca havia tratado do assunto pessoalmente com ninguém e que continuaria assim. Era, disse, apontando para mim, problema exclusivo da sua equipe comercial e do Flavinho, e só esperava participar das verbas na proporção em que sua audiência o credenciava. Tancredo, mudo, seguia enrolando e soltando a gravata, hábito muito característico toda vez que escutava histórias muito compridas. Quando, após uns vinte minutos falando sem parar, Silvio Santos finalmente se calou, o futuro presidente mostrou por que era, naquele momento, uma quase unanimidade nacional. Falo quase, porque o PT, claro, não apoiava a sua candidatura, como partido complicado que sempre foi. O PT queria defender a todo custo sua pureza ideológica e não admitia nenhuma candidatura que passasse pelo famigerado Colégio Eleitoral de então.

Bem, então chegou a vez de o anfitrião falar. Começou por dizer que me conhecia havia muito tempo e que eu fizera bem em articular aquele encontro, pois estava mais do que na hora de ele, Tancredo, conhecer um homem tão querido do povo brasileiro. Sabia, também, dos passos de empresário que Silvio vinha dando e o encarava com a maior simpatia, pelo sério esforço que realizava para viabilizar a rede que nascia. Tinha, ainda, a informação do secretário da Receita Federal, Francisco Dornelles, seu sobrinho e futuro ministro da Fazenda, de que Silvio, naquela altura, era o maior pagador de imposto de renda pessoa física do país. Por fim, Tancredo disse esperar que, no final do seu governo, Silvio tivesse por ele a mesma amizade e consideração que demonstrava por Figueiredo.

O ato final da reunião foi nomear Silvio Santos seu mensageiro informal para contatos com o presidente Figueiredo.

Não custa lembrar que Tancredo adorava uma fofoca. Tanto assim que, volta e meia, criava uma. Naquele momento, faltando poucos dias para a reunião do Colégio Eleitoral que o elegeria, Brasília fervia com histórias de traições: fulano vai votar no Maluf, beltrano tancredou e irá trair o candidato oficial, coisas desse tipo. Pois bem, Silvio foi o porta-voz de Tancredo para avisar Figueiredo de que uns dois ou três deputados da base governista não votariam em Maluf, conforme era esperado. Era óbvio que Tancredo não gostava daqueles sujeitos, nem precisava, àquela altura, dos votos deles. Daí que, ao entregar esses nomes, esperava azeitar as relações que, necessariamente, ele e o presidente teriam de manter na complicadíssima transição que iria ocorrer. O certo é que Silvio se desincumbiu da missão de forma exemplar e eficaz, apesar de não entender o real significado político daquelas mensagens, muito menos se interessar por elas. Logo depois desse momento, cheguei à conclusão de que Tancredo não havia dito nada de muito relevante, ou nada que o presidente Figueiredo já não soubesse via SNI (o antigo Serviço Nacional de Informações); apenas foi um modo que arrumou para que Silvio se sentisse acolhido no futuro governo tancredista.

O governo do presidente Tancredo Neves, infelizmente, como se sabe, assim como a famosa Batalha de Itararé, nunca aconteceu. A herança caiu no colo do vice, José Sarney, que precisou munir-se de doses cavalares de paciência para tocar o Brasil, tendo em seus calcanhares o deputado Ulysses Guimarães, que se achava o verdadeiro herdeiro político do falecido e que tentava governar de sua cadeira de presidente da Câmara Federal. Mas meu negócio nunca foi montar análises políticas, então fui tratar da vida, porque havia muito que fazer. Muito mesmo, porque a primeira medida adotada pelo novo ministro das Comunicações, Antônio Carlos Magalhães, foi suspender todas as concessões de emissoras dadas nos dois últimos meses do governo anterior. Com isso, não sei se deu para perceber, ficaríamos sem a minha sonhada emissora de Brasília.

Saí a campo e a primeira medida que tomei foi levar Silvio para conversar com meu amigo Marcos Vilaça, que acabara de ser nomeado secretário particular do presidente José Sarney. Vilaça pediu um pouco de paciência, dizendo que todas as concessões dadas a pessoas que comprovadamente atuavam no ramo da radiodifusão, como era o nosso caso, acabariam mantidas. O que o novo governo queria era anular aquelas concessões dadas a pessoas que não tinham nada a ver com a atividade, e pretendiam apenas negociar suas outorgas com terceiros. Saímos do encontro mais tranquilos.

CORRENDO ATRÁS DO SONHO

No entanto, voltei a ser assediado pelo meu amigo Roberto Medina, dono da Artplan. Conhecíamo-nos desde crianças, unidos pela amizade e parceria do pai dele, Abraham, criador do *Noite de Gala*, com o meu velho. Na empresa de Medina havia um executivo chamado Paulo Rolf, que foi a Brasília propor que eu me transferisse com armas e bagagem para a agência. Pela primeira vez na vida minha mulher ficou contra uma decisão que tomei. Mesmo assim, sempre em busca do sonho, saí do SBT, no meu melhor momento na emissora, e fui para a Artplan, encantado com a perspectiva de trabalhar com um amigo que eu muito admirava – o homem que gravou comerciais com Frank Sinatra e que logo o traria ao Brasil para o inesquecível show do Maracanã. Vale a pena lembrar que todos nós estamos cansados de saber que janeiro é um mês de muita chuva no Rio de Janeiro. Mas Roberto nunca acreditou em azar, e a apresentação foi marcada exatamente para o início de janeiro de 1980. Aquela maravilhosa noite, então, me veio à memória.

Naturalmente, chovia a cântaros na cidade desde a véspera e choveu durante todo o dia do show. Apesar disso, o estádio estava superlotado – falava-se em mais de 150 mil pessoas. Como a chuva não dava sinal de que iria parar, Boni, o todo-poderoso diretor-geral da Rede Globo, deu ordens para que fossem desmontadas as câmeras e demais equipamentos da emissora, que faria a transmissão do espetáculo para todo o Brasil. Compromissos inadiáveis fariam com que Sinatra, se apresentando ou não, embarcasse de volta aos Estados Unidos naquela mesma noite. Roberto Medina ouvia, do maestro do cantor, as ameaças: não daria para tocar e muito menos cantar debaixo daquele aguaceiro todo. Sinatra poderia escorregar no palco encharcado, os microfones poderiam entrar em curto e provocar tremendos choques etc. Ou seja, Medina estava no pior dos mundos. Mas não desistiu.

Numa desesperada tentativa final de persuasão, pegou uma capa, deu-a a Sinatra e convidou-o a dar uma volta pelo palco, para que visse o deslumbrante cenário que estava armado, apesar da chuva. Quando os velhos olhos azuis viram aquela multidão à sua espera, puxou Roberto pelas mãos e retornou ao camarim, dando ordens para a orquestra se preparar, pois o espetáculo iria acontecer. Quem foi se lembra. Enquanto os músicos, alguns carregando guarda-chuva, iam se acomodando em seus lugares, a chuva parava. Logo depois, uma brecha entre as nuvens mostrou uma lua gloriosa. A mágica aconteceu e durou apenas a hora e meia da exibição. Tão logo Sinatra terminou a apresentação, encantando aquela multidão, São Pedro se sentiu liberado e voltou a descarregar água sobre a cidade.

Para mim, aquilo foi irresistível. Não havia como recusar o convite para viajar com Roberto em seus sonhos. Ele acabara de realizar o primeiro Rock in Rio, em 1985, trazendo para a cidade alguns dos maiores astros do gênero. Foram um grande sucesso aqueles quinze dias de música no meio do lamaçal em que se transformou a chamada "Cidade do Rock", na Barra da Tijuca. O mês, claro, mais uma vez, era janeiro, com seus previsíveis temporais. Coisas do Dom Quixote do *show business*!

Minha tarefa, na agência, era atender as contas do governo federal: Banco do Brasil, Caixa Econômica Federal e Embratur. Três agências de publicidade detinham as principais contas das estatais, desde o governo Médici. A MPM, a maior das três, a Salles, de Mauro Salles, e a Artplan, de Medina. Logo, fui obrigado a admitir, constrangido, que minha mulher (esse é o grande problema com nossas mulheres) tinha toda a razão ao se chatear com minha saída do SBT. Primeiro, não me sentia confortável na posição de atendimento de agência. Em toda a minha vida profissional como publicitário, só havia trabalhado em veículos – *Programa Flavio Cavalcanti*, Manchete e SBT. Agência era um mundo com o qual eu ainda não tinha muita intimidade.

Enfrentei também terríveis dificuldades de relacionamento com a área de criação da Artplan. Era difícil fazer com eficiência a ponte entre o cliente e o departamento de criação da agência, o que resultava em permanentes atritos entre as duas partes. De qualquer maneira, fiquei na Artplan por quase quatro anos. Fiz algumas coisas boas, como a produção de um álbum duplo, do velho e bom *long play* (lembra dele?) que o Banco do Brasil financiou, com a renda revertida para a campanha do aleitamento materno promovida pela Legião Brasileira de Assistência (LBA). Um disco imperdível, que se chamava *Há sempre um nome de mulher*. Como o título sugere, todas as 24 músicas tinham nome de mulher. Os intérpretes, que gravaram especialmente para nós, foram Chico Buarque, Antonio Carlos Jobim, Maria Bethânia, Cauby Peixoto, e por aí vai. Aliás, o Banco do Brasil bem que poderia chamar o produtor dos discos, Ricardo Cravo Albin, e providenciar seu relançamento em CD. Valeria a pena.

AS GRANDES PERDAS

Enquanto isso, em São Paulo papai tocava o seu programa no SBT com alguma dificuldade. Silvio, sem causar nenhuma surpresa, vivia mudando o dia do programa, tentando fugir do massacre de audiência imposto pela competência da Globo contra seus concorrentes. Apesar disso, Flavio Cavalcanti levava uma vida tranquila, e, pela primeira vez em décadas, recebia o salário em dia. Aliás, um grande salário, acrescido, ainda, dos cachês referentes aos testemunhais que fazia para diversos clientes. Nada comparado com o que se paga hoje em dia a Ratinho ou a Faustão, por exemplo. De qualquer maneira, voltara a viver folgado, o que, aos 61 anos de idade, o levou a comprar, pela primeira vez em sua vida, uma casa para morar. Ficava no Morumbi e era muito gostosa.

Havia, no entanto, um problema. Enorme, na verdade. A saúde de minha mãe, dona Belinha, piorava. Ela, que sempre convivera com doenças do sistema circulatório, vinha definhando a olhos vistos, atacada pelo mal de Parkinson. Eu sofria muito todas as vezes que ia a São Paulo, ao vê-la com os músculos atrofiados, que a deformavam. Estava claro para todos nós que ela não resistiria muito tempo mais. Os médicos pouco podiam fazer. Aquele sentimento de impotência foi minando seu Flavio, até jogá-lo numa depressão, de início pouco perceptível. Marzinha, com o marido e filhos, e eu, com Suzy e Bebel, nos alternávamos, indo com frequência visitá-los. Não era nenhum sacrifício, muito pelo contrário, a família se gostava muito, os papos eram animados, os amigos paulistas se agregavam, e uma ou duas doses de uísque, que era tudo que Flavio tomava, acompanhado de um cigarrinho mal tragado, ajudavam-no a se soltar, contando histórias divertidíssimas.

Mamãe era acomodada numa poltrona, de onde apreciava o movimento e se divertia com as histórias, mas pouco interagia, pois as suas possibilidades de comunicação foram ficando menores com o agravamento da doença. O humorista e compositor Ary Toledo, a sempre presente Hebe Camargo, com o marido Lélio Ravagnani, Nair Bello, as jornalistas Alik Kostakis e Sonia Abrão e o casal Cynthia e Luiz eram presenças obrigatórias. Sem falar na deliciosa comida caseira da nossa Do Carmo.

Mas os dias seguintes eram inevitáveis. Retornávamos às nossas casas e afazeres. Entretanto, a cadeira de rodas, a enfermeira, que dormia no quarto dos dois – pois o velho se recusava a mudar para o quarto ao lado –, as injeções, as trocas de fraldas e os míseros 38 quilos que ela chegou a pesar permaneciam. Como permaneceram até o fim a lucidez e seu olhar atento a tudo que se passava ao seu redor. Como dona Belinha tinha uma enorme dificuldade de se comunicar, para entendê-la éramos obrigados a encostar o ouvido na sua boca, de onde saía uma rouquenha e arrastada voz, com suas opiniões e preocupações com a tristeza do olhar do papai.

Nos primeiros dias de maio de 1986, fui caminhar com ele no Parque do Ibirapuera e tivemos uma conversa dramática: sem mamãe, a vida perderia a graça, e ele não se sentia com forças para continuar. Não consegui animá-lo, e o jeito foi intensificar a ponte aérea Brasília-São Paulo, para tentar ficar mais perto dos dois.

Um dos clientes que eu atendia era o ParkShopping, recentemente inaugurado nos arredores de Brasília. Naquele início de 1986, o lugar vivia vazio, e nossa principal missão era criar campanhas publicitárias que levassem as pessoas a frequentá-lo. Um dia, promovemos uma certa "Feira Mística". A ideia era encher os corredores de tendas com astrólogos, videntes, quiromantes, cartomantes e outras sumidades do gênero. Em busca desse povo, fui apresentado a um senhor que editava uma revista sobre paranormalidade. Ele não se interessou pela feira, pois considerava seu trabalho científico e sério, mas conversamos muito, e ele acabou me falando de um rapaz de pouco mais de 20 anos, Luiz Amorim, qualificando-o como o maior paranormal que já havia conhecido. Eu nunca dei muita bola para essas coisas, mas tanto ouvi a respeito dele que decidi visitá-lo. Para atestar seus poderes, fui orientado a levar um objeto qualquer de terceiros, pois ele identificaria o dono. Ao sair do escritório, peguei a caneta da secretária, Rita, e fui com Suzana visitar o tal Luiz Amorim.

Era 20 de maio de 1986, à noitinha. A casa dele era uma daquelas geminadas, tão comuns na W3, uma avenida localizada na região Sul do Plano Piloto de Brasília. O paranormal nos atendeu à porta e não me impressionou muito: era bem jovem, alto e magro, e possuía um certo ar aparvalhado. Sentou-se numa cadeira de balanço, e fui logo mostrando a caneta. Ele a segurou e, sem dar muita bola, disse que ela pertencia a alguém que trabalhava comigo havia bastante tempo e em quem eu poderia confiar totalmente. Eu não havia me identificado, mas imaginei que ele soubesse quem eu era, por causa da pessoa que marcara o encontro.

Nada especial, pensei, mas o fato marcante é que, de repente, ele perguntou se eu queria saber alguma coisa específica sobre minha vida. Na hora, pensei na mamãe e em sua frágil saúde e indaguei sobre ela. Amorim fechou os olhos e, balançando a cadeira com velocidade cada vez maior, foi mudando de expressão, até seu rosto se contorcer como se estivesse sentindo dores. Depois de alguns instantes, disse que estava vendo uma cena de enterro, sem saber dizer onde, e eu estava ao lado do caixão. Saí convencido de que o rapaz havia descrito o enterro da minha mãe.

Quinta-feira, 22 de maio, papai estava no ar com seu programa semanal. Eu, em casa em Brasília, não assistia ao programa naquele dia. O telefone tocou e era minha irmã, Fernanda, informando que o velho sofrera uma isquemia coronariana e havia sido levado para o Unicor. Seu médico, o jovem e competente dr. Renato Duprat, fez questão de me tranquilizar ao telefone, dizendo que os prognósticos eram muito bons e que em dois ou três dias ele seria despachado de volta para casa.

Dormi tranquilo, mas no dia seguinte fui para São Paulo, levando Bebel e Suzana – ele adorava as duas –, e fomos diretamente para o hospital, na Avenida Santo Amaro. Ele estava na UTI. Muito deprimido. Não importava o que os médicos dissessem, ele não se sentia bem e achava que não ia sair vivo dali. Olhei para ele, perplexo, e disse que o que ele precisava era mudar urgentemente de ares, pois o ambiente lá em casa, com mamãe se apagando, era realmente muito duro e triste. Para tentar levantar o moral, propus que nós dois fôssemos passar uma semana em Nova York para assistir a uns shows, inclusive de jazz, estilo musical que ele sempre achou muito chato e eu sempre quis convencê-lo das maravilhas de um *cool jazz*, *à la* Miles Davis, ou um John Coltrane, e visitar o MoMA e o Metropolitan, além de degustarmos o inesquecível *prime ribs* do Peter Luger, no Brooklyn. Ele concordou com a ideia, sem nenhum entusiasmo. Fui ver mamãe e telefonar para Silvio Santos, pedindo uns vinte dias de férias para o velho, com o que Silvio concordou logo, até porque estávamos a uma semana do início da Copa do Mundo no México, que provocaria uma profunda revolução na grade de programação da emissora.

Na segunda-feira, dia 26, era feriado de Corpus Christi, e o médico havia prometido dar-lhe alta no dia seguinte. Papai, já fora da UTI, ocupava um apartamento e divertia-se com a minha filha, Bebel, sentada em sua barriga e tentando fazer um "chuca-chuca" em seus cabelos. Um enfermeiro avisou que estava na hora de fazer a higiene dele e saímos para uma saleta anexa. Mas logo percebemos uma grande agitação no quarto. Abri a porta e vi papai cercado de médicos e enfermeiras, que tentavam reanimá-lo com um desfibrilador. Fomos expulsos do quarto pela equipe médica, que iniciou uma longa batalha pela vida do homem.

Eles lutaram por mais de cinco horas. Às sete e meia da noite, entrei na UTI para vê-lo e gelei: ele não estava mais ali. Então foi minha hora de sentir uma dor aguda no peito. Não, não se trata de força de expressão: senti mesmo, e, juntamente com ela, a garganta se estreitou, a boca ressecou e a alma entrou em pânico. Mas precisava avisar mamãe. Ela estava em casa, quietinha, mais encolhida do que sua doença exigia, parecendo apenas esperar a confirmação da notícia que já adivinhava. Viu minha cara e soube de tudo. E eu, que não soube consolá-la, meu Deus! Nem a ela nem a mim próprio.

Voltei para o hospital, louco para fazer alguma coisa, resolver questões de ordem prática. Já havia uma multidão de repórteres pedindo uma frase minha sobre aquele momento. Encontrei Silvio Santos com Íris, sua mulher, e fomos conversar numa sala isolada. Ele não sabia como reverenciar devidamente Flavio e toda a sua importância para a história da televisão brasileira. Havia determinado, então, que a emissora saísse do ar em sinal de respeito, exibindo apenas um texto, comunicando que o SBT estava de luto pela morte do seu comunicador Flavio Cavalcanti. Silvio me comunicou, ainda, que havia colocado um de seus assessores à minha disposição. Depois, permanecemos alguns momentos em silêncio, enquanto ia percebendo o tamanho da emoção que tomou conta também do meu ex-patrão. Sou muito grato a ele pelo seu gesto de apoio naquele dia, talvez o mais triste da minha vida.

Velório na Assembleia Estadual, madrugada interminável. Pessoas simples, do povo, prestando sua última homenagem, Paulo Maluf, Jânio Quadros, outros políticos, artistas, colegas de trabalho. No dia seguinte, o avião de um amigo do meu pai levou-nos para o enterro, em Petrópolis, sua terra por escolha. Mais multidão, alguma histeria, missa de corpo presente celebrada pelo amigo, o Frei Memória, que me casou, batizou minha filha e meus sobrinhos. Ele estava tão emocionado quanto nós. Mamãe ficara em São Paulo, com amigas como Hebe Camargo, Nair Bello e Rosinha Goldfarb. Retornamos na mesma noite para perto dela e pudemos, então, avaliar com calma o tamanho da nossa perda.

No dia seguinte, fui conversar com dr. Renato Duprat. Queria entender como um quadro cardiológico aparentemente sem muita gravidade tinha levado àquele desastroso desfecho. Ele, se mostrando também muito abatido, disse que não sabia explicar, mas que durante os dias em que acompanhou a internação se assustava com a tristeza e o abatimento que o velho demonstrava. Concluímos que a depressão o levou.

Das inúmeras manifestações de pesar que recebemos, uma, particularmente, nos comoveu muito. Uma carta do nosso amigo Jorge Amado, que passava uma temporada em Paris:

> *Paris, 30 de maio de 1986. Caro Flavinho, somente hoje, ao chegar a Paris, vindo do interior da França, soubemos, eu e Zélia, na Embaixada do Brasil, do falecimento de Flavio, notícia tão inesperada e triste, que deixou-nos desolados. Quando se chega à nossa idade, minha e de Zélia,*

temos que nos conformar com as notícias da partida de amigos, mas Flavio parecia feito para viver diante das câmeras e do público muitos e muitos anos, parecia mais distante da velhice que os jovens de 20 anos; assim, a notícia foi um choque muito grande. Perdemos um amigo e o público da televisão perdeu um dos grandes do nosso vídeo. Polêmico como ele só, tanto podíamos discordar dele, mas quem podia deixar de admirar o dinamismo, o talento, a capacidade de comunicação do Flavio? Peço que transmita a sua mãe e a todos os teus e recebas nosso abraço solidário nesta hora de dor. Do velho amigo, Jorge Amado.

Mamãe decidiu voltar para Petrópolis, onde teria a companhia permanente das minhas irmãs. Eu a via sempre que podia, pois tinha conseguido de Medina minha transferência para a Artplan/Rio, a fim de ficar mais perto dela. Mas a doença foi se agravando, e um ano depois de papai ela também nos deixou. Foi estranho tocar o dia a dia sem aquelas duas âncoras. Mas a vida não se preocupa com a sua dor e continua indo em frente. Não tive jeito senão fazer o mesmo.

ANJOS, DIABOS (NA POLÍTICA) E OUTROS BICHOS

Continuei mais algum tempo na Artplan. Além de supervisionar as contas do Banco do Brasil e da Caixa Econômica Federal em Brasília, dirigia as contas do governo do estado, Moreira Franco à frente, e da Embratur, cujo presidente era João Doria Jr., depois prefeito de São Paulo e governador do estado.

Réu confesso, preciso dizer que não fui um bom diretor de atendimento na Artplan. Eu tinha enormes dificuldades de estabelecer um eficiente elo entre a agência e o cliente. Fechar *briefings*, prazos e custos eram missões que cumpria com grande dificuldade e muito estresse.

De todo modo, mesmo após a minha saída dessa empresa e da rápida passagem por duas produtoras de vídeo, participei, mais uma vez com Medina, da criação e lançamento de uma nova empresa, Anjos do Asfalto. Dois médicos trouxeram a ideia de montar uma estrutura de atendimento de emergência a acidentados ao longo da Rio-São Paulo, em troca da comercialização de painéis luminosos na rodovia. Você não pode imaginar como foi difícil convencer o Departamento Nacional de Estradas de Rodagem (DNER) e o Corpo de Bombeiros, que fizeram de tudo para manter o monopólio do socorro às vítimas! Ora, a iniciativa aliviaria o trabalho deles. Mas um bom burocrata não renuncia ao seu poder, mesmo que signifique diminuição de trabalho.

Foram meses de negociação com o DNER e com as prefeituras das cidades cortadas pela BR-101 naquele trecho.

Apesar de tudo, conseguimos superar as resistências e a Anjos do Asfalto funcionou muito bem durante alguns anos. A iniciativa deixou no currículo centenas de casos de vidas salvas por suas intervenções. Pena que o projeto teve vida curta, abalado por problemas administrativos e comerciais.

* * *

Início de 1989. Inesquecível ano, que terminaria com a eleição direta do primeiro presidente da República do país após 29 anos. Eu não poderia ficar de fora da festa, e não fiquei. Comecei procurando o meu ex-patrão, Silvio Santos, juntamente com o senador Jorge Bornhausen, para tentar fazer Silvio candidato a presidente pelo PFL. Recebidos na casa do Morumbi, o senador deixou claro que ainda estava em sondagens, mas, se Silvio o autorizasse, costuraria a ideia dentro do partido. SS se mostrou interessado, perguntou pelo eventual vice e quis saber, ainda, se poderia continuar a fazer seus programas aos domingos, mesmo assumindo a presidência. Tremi nas bases, convencido de que aquela história não daria certo. Silvio estava para a política, assim como eu estou para a mecânica quântica: familiaridade zero.

Entrei, então, de cabeça na campanha presidencial do caçador de marajás Fernando Collor. Com ele, cruzei o país inteiro. Era responsável por dirigir a equipe de gravações em seus deslocamentos, produzindo material de campanha que, mais tarde, seria usado nos horários da propaganda eleitoral. Foi uma formidável experiência, e me recuso a ser responsabilizado pelo triste desfecho dessa aventura.

Mas, terminada a campanha, eu precisava continuar trabalhando, já que a sorte, essa madrasta, não me agraciava com uma Mega-Sena. Considerei que o melhor a fazer era voltar aos braços de Silvio Santos. Liguei para o presidente do grupo, meu amigo Luiz Sandoval, e disse que gostaria de retornar a casa, preferencialmente no Rio de Janeiro. Ele me pediu uns dias para sondagens e, uma semana depois, me ligava Guilherme Stoliar, sobrinho de Silvio e então vice-presidente do SBT, convidando para uma conversa em São Paulo. Bastaram vinte minutos para o acerto, não no Rio, como eu ambicionava, mas em Brasília, onde tudo havia começado. Desta vez eu assumiria a direção regional daquela estação que eu ajudara SS a ganhar, cinco anos antes.

Guilherme, então, me levou a Silvio para comunicar o acordo. O homem foi gentil, mas disse que nunca entendera minha saída do SBT. Assim queria, pelo menos, entender por que eu estava voltando. Fiquei meio atrapalhado para explicar que havia saído para me juntar a um velho e querido amigo, a fim de viver nossos próprios sonhos de empresários de comunicação, mas, infelizmente, a experiência não dera certo, e decidi, portanto, voltar para o lugar onde profissionalmente havia sido mais feliz.

Costuma-se dizer que ninguém se perde no caminho de volta. Foi o que aconteceu, mas meu retorno não foi uma unanimidade. Era nítido, por exemplo, o desapontamento estampado no rosto do amigo Carlos Henrique. Quando deixei o SBT, em 1985, ele assumiu o meu lugar, deixando em segundo plano sua bem-sucedida carreira de jornalista. Fez um ótimo trabalho na direção da emissora que se instalava, tendo-a colocado no ar, mas ficou pouco tempo na função, pois atendeu ao convite feito pelo presidente José Sarney para ocupar a Secretaria de Imprensa e Divulgação do governo. Carlos Henrique estava certo de que seu lugar na diretoria do SBT/Brasília o aguardava, caso não conseguisse realizar o sonho de vir a ser nomeado adido cultural da Embaixada do Brasil em Paris, quando terminasse o governo Sarney. Mas o pessoal de Collor tinha outro nome para o lugar, o do também jornalista Sebastião Nery.

O Grupo Silvio Santos, com o meu retorno, estabeleceu uma divisão de responsabilidades. A mim, caberia cuidar exclusivamente dos assuntos referentes à Rede de Televisão SBT, e Carlos passaria a responder pelos outros interesses da *holding* do Grupo Silvio Santos, como o Banco Panamericano, o Baú da Felicidade, a Liderança Capitalização etc.

Foram catorze anos de muito trabalho e boas doses de uísque, entre papos e histórias deliciosas do que andava acontecendo nos bastidores da República, nos finais de tarde no inesquecível Piantella, do Marco Aurélio, ponto de encontro obrigatório dos boêmios e *gourmets* da capital federal.

Enquanto isso, não prestava a devida atenção a uma dura e triste realidade que ia se formando em relação às grandes empresas. Nos dias de hoje, com o fim da inflação galopante com a qual nos acostumamos a viver por décadas, todas as empresas foram obrigadas a se reestruturar, reduzindo radicalmente seus custos. Esse fato acabou me atropelando em 2004, quando a função de diretor do SBT em Brasília foi extinta. Para se ter uma ideia do tamanho dos cortes feitos, em junho de 1990, quando assumi a emissora, havia cerca de 160 funcionários e quatro gerentes: comercial, administrativo, técnico e o editor de jornalismo. Nos catorze anos que ali passei, diversas tarefas foram redistribuídas, algumas delas absorvidas pela matriz em São Paulo. A informatização ainda tornou dispensáveis vários cargos. Quando da minha saída, em 2004, o SBT/Brasília somava 50 funcionários e um gerente, o comercial.

O pior de tudo é que sou obrigado a reconhecer que esse brutal enxugamento pouco prejudicou o bom desempenho da emissora. O que era feito por duas ou três pessoas passou a ser feito por uma. A lógica das empresas é quase sempre perversa. Mas, com a tecnologia simplificando procedimentos, sem contar a tributação exorbitante sobre as folhas de pagamento, como querer que os empresários deixem de buscar soluções cada vez mais criativas para diminuir seus quadros de funcionários?

Mas ainda estávamos no início dos anos 1990, e eu só deixaria a empresa catorze anos mais tarde. Logo que reassumi o SBT, soube que estávamos com terríveis problemas financeiros e psicológicos. Falo do primeiro mais tarde, pois penso que o mais sério problema era aquele que se passava na cabeça de Silvio. Ele vinha sofrendo de uma rouquidão crônica, que o impedia, inclusive, de gravar seus programas. Exame daqui, exame dali, nosso patrão desconfiou que estava com câncer na garganta.

Nessa mesma ocasião, Gugu Liberato, que começava a dividir parte do horário de domingo com ele, assinou um contrato com a Rede Globo, deixando SS desesperado. No dia em que Gugu foi ao escritório do patrão comunicar sua saída, Silvio disse que não aceitaria e que tomaria todas as medidas possíveis e impossíveis para que isso não acontecesse. Gugu insistiu, dizendo que o contrato com a Globo já havia sido assinado e, portanto, ele nada mais poderia fazer.

Muitos fatores tornam alguns homens diferentes dos outros. Silvio Santos, por exemplo, sofre de uma absoluta incapacidade de aceitar e conviver com a existência de palavras e expressões como "não pode", "impossível", "não vai dar", "isto é proibido". Assim, foi logo dizendo a Gugu que iria com ele ao Rio de Janeiro conversar com Boni a fim de obter a liberação do contrato. Arrastou seu apresentador até um táxi e rumaram para o Aeroporto de Congonhas. Detalhe de pouca importância, os dois não tinham um centavo nos bolsos.

Chegando ao aeroporto, Silvio pediu ao taxista que passasse no escritório do Grupo SS e recebesse com a secretária, Zilda, o dinheiro da corrida. É claro que o motorista não se incomodou. Afinal, adorou o privilégio de transportar em seu carro os dois comunicadores. No balcão da companhia aérea, a mesma coisa: SS obteve as passagens e deu o endereço para a cobrança. A história se repetiria no Santos Dumont. Na fila dos táxis, uma disputa entre os condutores para saber quem levaria os artistas. O felizardo que os conduziu, durante o trajeto até a sede da TV Globo, no Jardim Botânico, também foi avisado de que ambos os passageiros não tinham dinheiro e que, para ser pago, deveria ir até a sede da emissora no Rio, em São Cristóvão, e procurar a irmã do homem, Sarita.

Acho que dá para imaginar o furor que a presença de Silvio e Gugu causou na recepção do prédio da Globo. Os dois pediram para falar com Boni, e a secretária mandou-os subir, avisando que o chefe havia saído para almoçar fora, mas que iria localizá-lo, e que ficassem à vontade. Instalou as surpreendentes visitas na sala do chefe e mandou servir café. Uns vinte minutos depois, um perplexo José Bonifácio Sobrinho entrou na sala e, após os cumprimentos de praxe, ouviu o pedido para que a Globo liberasse Gugu do contrato que havia assinado. Boni, claro, disse que seria totalmente impossível.

Fracassado com o cardeal, Silvio resolveu apelar para o papa, e perguntou se o dr. Roberto Marinho poderia liberar o contrato. Boni disse que Roberto, como dono da casa, sim, poderia fazer o que quisesse. A próxima cena se deu na sala de Roberto, um andar acima. Sem Boni e Gugu, Silvio foi recebido com toda a cordialidade e cumprimentado pelo seu esforço na condução da Rede. Meu patrão começa então a conversa, falando dos seus problemas de saúde. Que talvez tivesse que deixar de fazer seus programas e precisava que Gugu assumisse seu lugar, para evitar que o SBT entrasse numa crise sem saída. Uma situação, sem dúvida, curiosa.

Dr. Roberto encarou-o por alguns instantes e tomou sua decisão. Ou melhor, divulgou o edito: o contrato do Gugu seria, sim, rescindido para atender o apelo tão enfático do seu ex-contratado e atual concorrente. Indagado sobre a liberação da multa prevista no contrato, o velho jornalista disse apenas que tanto ele quanto Silvio contavam com advogados para tratar da questão. Despediram-se. E Silvio resolvera mais um problema insolúvel. A multa? Houve boa vontade entre as partes, o que reduziu o valor a números bem aceitáveis. E a doença de Silvio? Uma cirurgia nas cordas vocais para a retirada de alguns calos. Não havia doença maligna nenhuma, e ele continuou tocando sua vida de empresário e comunicador e sendo um bom patrão para seus funcionários, cuja maioria fazia parte do fã-clube de apaixonados seguidores.

Resolvido o problema da cabeça, passemos ao do bolso. Nos primeiros meses do governo Collor, Silvio me pediu que marcasse um encontro com o então presidente. Na audiência, enquanto Collor nos recebia, com aquele seu conhecido ar de imperador, fumando um Havana de 20 cm de comprimento, Silvio, sem dar a mínima bola para a pose do homem, falou que precisava, com urgência, de um empréstimo de 12 milhões do dinheiro da época (cerca de dez milhões de dólares). A conversa foi dura e interessante.

Collor disse que não emprestaria dinheiro dos bancos estatais que seria, mais tarde, trocado por espaços publicitários, a famosa permuta. Aliás, Walter Clark já dizia que permuta significava, na maioria das vezes, troca de desinteresses: você cede um espaço publicitário que, de outro modo, não conseguiria vender, e o outro lhe entrega uma mercadoria ou serviço para o qual está faltando comprador.

Silvio, admitindo que o presidente estava certo, ofereceu garantias reais, representadas por hipotecas de diversos imóveis seus, como forma de assegurar o ressarcimento da totalidade da quantia emprestada. Collor pegou o telefone na nossa frente e mostrou todo o seu poder de monarca, mandando a ministra Zélia Cardoso de Mello viabilizar o dinheiro, desde que sólidas garantias reais fossem oferecidas. O empréstimo acabou saindo via Caixa Econômica Federal e salvou o SBT naquele momento.

O financiamento foi integralmente quitado nos quatro anos que se seguiram, de acordo com o previsto no contrato.

Administrar uma emissora afiliada de televisão integrada a uma rede nacional, a bem da verdade, não é das tarefas mais difíceis do mundo, principalmente considerando que, nas emissoras próprias do SBT, com exceção de uma meia hora diária para a apresentação de um telejornal local, não havia espaço para fazer programação regional, pois Silvio nunca delegou a ninguém o direito de decidir o que colocar no ar. Para o bem ou para o mal, todos os programas a que assistimos no SBT são fruto da escolha pessoal de SS.

A equipe que eu comandei em Brasília, por catorze anos, era formada por Sérgio Donato, na área comercial; Alfredo Martin Filho, na gerência administrativo-financeira, leal e competente; Luiz Gonzaga Mineiro, jornalista que cuidava da nossa redação na capital; Henrique Fróes, gerente de programação; Carlos Câmara e, mais tarde, Wagner Marçal, na área técnica. Para mim, foi um prazer e uma honra trabalhar com esses profissionais, a maioria dos quais se tornou grandes amigos.

ÚLTIMAS PALAVRAS

Meu pai faleceu em 1986. Minha mãe, um ano depois. Lá se vão anos e anos. Deixaram gravados em nossas mentes e corações seus exemplos e ensinamentos. Seu Flavio, além de toda a coragem e paixão pela polêmica que fazia questão de explorar em seus programas, era um homem sensível, intrinsecamente bom e generoso. Ajudava com palavras, roupas, comida e/ou dinheiro quem encontrasse pela frente. Por três vezes levou pessoas que precisavam de ajuda para morar conosco, sob o olhar crítico de dona Belinha. Às vezes errava a mão – quando comprou de presente de casamento para uma sobrinha que se casava uma mesa completa de jantar com seis lugares, sem saber que ela e o marido iriam morar num quarto e sala de 50 m².

Felizmente, não viveu para assistir ao triste fim de Washington. O garoto tinha enormes dificuldades mentais e, apesar de todo o suporte que lhe demos, não conseguiu terminar sequer o primeiro grau. Apesar dos nossos esforços em contrário, ele jamais se sentiu um de nós. Ajudava com pequenos serviços da casa, trabalhou em escritórios de amigos nossos, dos quais era sistematicamente desligado por causa das faltas frequentes e do não cumprimento de tarefas simples. Tornou-se andarilho. Além da carteira de identidade, papai improvisou para ele uma em que colocou sua própria foto 3 x 4 e um aviso com o número do seu telefone, declarando-se responsável pelo rapaz, solicitando, a quem o encontrasse ou prendesse por algum motivo, que ligasse para ele.

Tentei que fosse morar comigo em Brasília. Depois de muita conversa, ele aceitou e concordou em tentar seriamente fazer um curso supletivo, para concluir o primeiro grau. Qual o quê! Passados uns quinze dias, Washington pede para voltar a Petrópolis. Marzinha possuía uma confecção e o colocou para trabalhar e morar lá, num quartinho que havia nos fundos, já que Washington se recusava a morar com ela. Tornou-se um estampador eficiente, mas sumia muito, e de repente o descobrimos bebendo escondido. Passava dias desaparecido, depois semanas, até que finalmente nunca mais soubéssemos dele. Triste assim!

Mas, como disse o poeta, "tudo vale a pena se a alma não é pequena", e a de Flavio Cavalcanti, meu querido pai, era enorme!

Em novembro de 2017, perdemos também a minha irmã caçula, Fernanda, levada por um enfisema pulmonar, contraído após cinquenta anos como fumante, indo se juntar a nossos pais no túmulo da família.

Estão todos juntos com papai e mamãe, além das duas empregadas que trabalharam conosco a vida inteira e mais a que serviu minha avó, Maria Eugênia, e também Zezinho. Meu pai havia pedido que se escrevesse na lápide:

"Não morre de todo quem deixa saudades. Morri, meus filhos?".

É claro que não!

NOSSAS FOTOS, POR FAVOR

Posando de aristocrata, aos 22 anos, na casa dos pais

Flavio entrevista o presidente norte-americano John Kennedy na Casa Branca

O presidente John Kennedy, colocando a aliança que havia esquecido.
Na foto também aparecem Murilo Nery e Rubem Medina

Flavio e Murilo Nery visitam as instalações da NASA em 1962

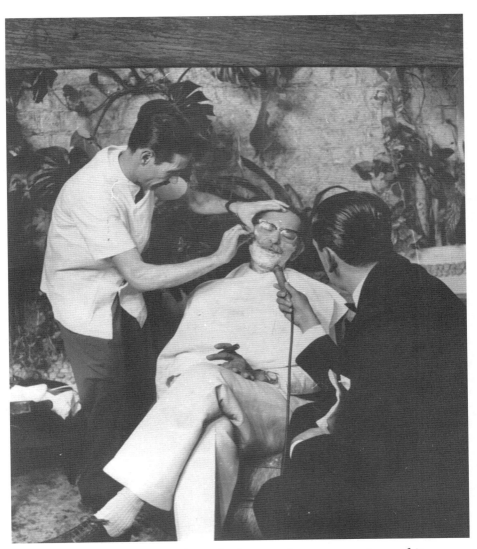

Tenório Cavalcanti tendo sua barba raspada numa reportagem feita para o programa *Noite de Gala*

Entrevista com o tenente Bandeira na penitenciária. Na época preso, Bandeira era acusado de ser o autor de um crime. Foi inocentado mais tarde

No início de sua carreira na TV, Flavio ganhava o apoio da esposa Belinha

As três gerações dos Cavalcantis, na inauguração da Rua Flavio Cavalcanti, em Petrópolis

Em primeiro plano os três amigos: Carlos Lacerda, Flavio e Abrahão Medina

Da esquerda para a direita: mamãe Belinha, Washington Luiz, Flavio Cavalcanti, Marzinha, Flavio Cavalcanti Junior e Nanda

Com Silvio Santos, durante entrevista dada por ambos
à revista *O Cruzeiro*

Outra imagem de Flavio e Silvio, grandes concorrentes, na mesma entrevista para a revista *O Cruzeiro*

Na nossa casa de Petrópolis, confraternização de toda a equipe de produção do programa

Quatro pessoas que Flavio amava: Maysa Matarazzo, Dorival Caymmi, Orlando Silva e Abrahão Medina

Maestro Paul Mauriat grava o LP de músicas brasileiras nos estúdios da Philips, em Paris. À esquerda, Marco Aurelio Mazolla, produtor do disco. À direita, Flavio Cavalcanti Junior

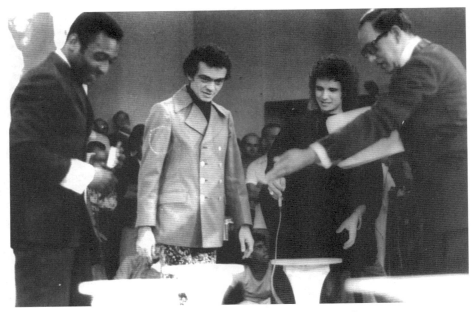
Três reis: Pelé, Chico Anysio e Roberto Carlos

Família Cavalcanti reunida para uma entrevista no programa de Cidinha Campos

Emerson Fittipaldi entrevistado em seu retorno ao Brasil, logo após ser campeão pela primeira vez na Fórmula 1

Tom Jobim no programa

Irmã Dulce abençoa Flavio

Flavio Cavalcanti Junior

Silvio Caldas plantando uma árvore no jardim da casa de Petrópolis

Senhor TV

Flavio conversa com Silvio Caldas e Roberto Carlos, momentos antes de o programa ir ao ar

Entrevista com o estilista Dener

Nilton Travesso, diretor do programa Flavio Cavalcanti

Nos tempos de Francisco Horta na presidência do Fluminense, eram montados times de futebol com artistas e jornalistas para jogar as preliminares no Maracanã

A atriz Marcia de Windsor era uma grande amiga

Flavio Cavalcanti Junior

A visita de Pelé ao programa

Faustão, em início de carreira na TV, visitando Flavio

Flavio entrevista o presidente João Figueiredo

Entrevista no programa da amiga Hebe Camargo

O ex-presidente Jânio Quadros e seu gestual característico em jantar com Flavio em São Paulo